国际乡村发展与减贫研究系列成果
INTERNATIONAL RURAL DEVELOPMENT AND
POVERTY REDUCTION RESEARCH SERIES

城乡融合发展政策下的减贫研究

主　编　谭卫平　王宏新
副主编　徐丽萍

中国城市出版社

图书在版编目（CIP）数据

城乡融合发展政策下的减贫研究/谭卫平，王宏新主编；徐丽萍副主编. —北京：中国城市出版社，2021.10

ISBN 978-7-5074-3397-5

Ⅰ.①城… Ⅱ.①谭… ②王… ③徐… Ⅲ.①扶贫－城乡一体化－研究－中国 Ⅳ.①F126

中国版本图书馆CIP数据核字（2021）第182916号

深入开展城乡融合发展政策下的减贫研究，对中国乃至全球减贫理论和实践发展具有重要意义，不仅有利于巩固脱贫攻坚成果，有效衔接乡村振兴战略，也有利于加强中国与国际机构以及广大发展中国家在减贫领域的交流合作，为全球减贫事业提供中国故事、中国方案、中国贡献，为共同推进全球减贫作出新贡献。

本书在回顾中国城市贫困发展阶段、类型、规模测算的基础上，总结了中国城市贫困的现状、特征与成因，研究了城市贫困的重要表现形式——城市贫困集聚现象，分析了中国城乡融合与贫困治理现有的理论逻辑与实践逻辑，探讨了后2020时代中国城乡共同富裕的核心思路与对策，同时以大同市云州区"小黄花　大产业"发展为案例，展现了城乡融合发展的减贫成效。

责任编辑：周方圆　封　毅
责任校对：焦　乐

城乡融合发展政策下的减贫研究
主　编　谭卫平　王宏新
副主编　徐丽萍
*
中国城市出版社出版、发行（北京海淀三里河路9号）
各地新华书店、建筑书店经销
北京建筑工业印刷厂制版
北京建筑工业印刷厂印刷
*
开本：787毫米×1092毫米　1/16　印张：7　字数：125千字
2021年9月第一版　　2021年9月第一次印刷
定价：38.00元
ISBN 978-7-5074-3397-5
（904379）

版权所有　翻印必究
如有印装质量问题，可寄本社图书出版中心退换
（邮政编码100037）

城乡融合发展政策下的减贫研究

主　　　编：谭卫平　王宏新
副　主　编：徐丽萍
成　　　员：陈玉杰　邓高超　邵俊霖　李继霞
　　　　　　罗　茜　冯　钰　翟天豪　平泽宇
　　　　　　王倩倩

课题主持人：谭卫平　王宏新
课题组成员：邵俊霖　李继霞　罗　茜　冯　钰
　　　　　　翟天豪　平泽宇　王倩倩

前 言 >>>>>>

改革开放尤其是脱贫攻坚战以来，中国减贫政策焦点一直在农村。中国共产党建党 100 周年之际，我国脱贫攻坚战取得了全面胜利，现行标准下 9899 万农村贫困人口全部脱贫，832 个贫困县全部摘帽，12.8 万个贫困村全部出列。深入开展城乡融合发展政策下的减贫研究，不仅有利于巩固脱贫攻坚成果，有效衔接乡村振兴战略、推动共同富裕，也有利于加强中国与国际机构以及广大发展中国家在减贫领域的交流合作，为全球减贫事业提供中国故事、中国方案、中国贡献，为共同推进全球减贫作出新贡献。

本书第 1 章是绪论，介绍了研究背景和意义。城乡二元体制分割是妨碍城乡要素自由流动和平等交换的体制机制壁垒，是形成低收入群体的深层次内因之一。在进入乡村振兴和城乡共同富裕的新阶段之际，必须深入研究城乡融合发展下经济社会发展格局以及实现共同富裕约束条件的深刻变化，在城乡融合发展中强化低收入人口保障，建立城乡融合发展政策体系下的共同富裕战略和长效机制，以促进新时代中国高质量发展。

第 2 章回顾并总结了中国城市贫困的发展阶段、类型、规模测算。中国城市贫困可划分为传统城市贫困（1949—1992 年）和新城市贫困（1992 年至今）两个阶段，其中新城市贫困又可分为初始期（1992—2002 年）、发展期（2002—2012 年）和凸显期（2012 年至今）。每个阶段贫困人口主体不同，旧城市贫困主要是"三无"人员，新城市贫困初始期主要是下岗职工，发展期主要是农民工、在岗困难职工、老年贫困等，凸显期则向相对贫困、就业贫困、心理贫困等多维展开。由于缺乏官方统计口径和标准，不同测度方法下、不同时期的城市贫困发生率差异很大；甚至同一时期、同一方法，不同数据得出的结果也完全不同。简单采用城市低保人数作为城市贫困标准，中国城市贫困人口在 2019 年 5 月达 940.7 万人，"城市贫困"问题已不容回避。

第 3 章总结了中国城市贫困的现状、特征与成因，梳理当前中国城市贫困治理的治理机构、治理逻辑、制度体系，并分析其主要问题，在此基础上提出八条中国城市贫困治理对策建议。当前中国城市贫困具有支出型贫困问题突出、城市流动人口贫困问题突出、城市贫富差距问题突出"三大特征"。城市贫困治理存在认知困境、均衡困境和政策困境"三大困境"。提供公共服务以增加贫困人口的人生选择与发展机会，应成为中国城市贫困治理政策设计的核心。

第4章围绕城市贫困的重要表现形式——城市贫困集聚，通过总结城市贫困集聚现象的成因、危害，从美国、日本、巴西、印度、墨西哥等国对城市贫困集聚治理的简况梳理出发，讨论我国可以借鉴的国际经验，提出有针对性的我国城市贫困集聚治理对策。城市贫困集聚的治理存在阶段性规律，区域经济发展、贫困问题的改善是治理城市贫困集聚的根本。城市贫困集聚的类型不同，政策设计应有所调整，切忌"一刀切"。

第5章通过讨论中国城乡融合与共同富裕现有的理论逻辑与实践逻辑，确定后2020时代中国城乡共同富裕的核心思路为：统筹新兴城镇化与乡村振兴，推进小城镇发展，高度重视与发挥城乡过渡带的联通作用，建立现代性的城乡往来互动模式，推进城乡基层治理现代化，降低城乡间各种经济和社会文化要素流动成本，推进城乡"经济一体性"向"文化一体性"的整体变迁，最终实现多阶层融合，避免走入城乡同质化误区。在此基础上，从城乡差异、城乡融合的视角出发，对后2020时代中国低收入人口的规模进行评估，对发生成因进行分析，讨论多元方式背景下的城乡融合与共同富裕关系，最终对可行对策进行深入探讨。

第6章通过以大同市"小黄花 大产业"发展为例，探究了"一小一大"型产业（类似的还有木耳、香菇等，习近平总书记在陕西金米村称赞"小木耳大产业"）是如何在脱贫攻坚中迅速发展起来的，剖析了这类产业在精准扶贫精准脱贫中的特殊内在规律和减贫效应以及政府在产业发展中的作用，揭示了扶贫产业科学选择中"小"和"大"的辩证关系。所谓"小"，一是因地制宜，契合本地自然、历史、文化条件，二是种植难度小、平均成本低；所谓"大"，一是规模大，二是收益大，三是受益人数多，此外还有一点"大"，那就是在产业发展过程中党和政府的引领作用大。

第7章对全文进行了总结。最近五年以精准扶贫精准脱贫为主要特征的脱贫攻坚战中，中国农村减贫取得了举世瞩目的成就，也积累了丰富经验。随着乡村振兴战略的提出，如何彻底实现乡村与城市的共同富裕问题被提上政治议程，本书建议：第一，重视城市贫困与城市减贫的已有成果，在全面进入小康社会之际，深刻把握城乡融合发展本质，尽早研究城乡融合发展政策下的城乡共同富裕标准，在谋划后 2020 时代的城乡共同富裕战略中，构建统筹城乡、城乡一体的低收入家庭认定标准以及因应策略。第二，积极借鉴农村减贫经验，并结合城市管理特点，积极采用大数据、人工智能等先进技术与"网格化"等方法，完善城市低收入人群监测体系，精准识别城市低收入人口，测度城市低收入人口规模，构建科学的城乡共同富裕政策体系。第三，在中国当前特有的户籍制度及目前城乡统计方法下，应从城乡地区划分和城乡户籍划分的"二维框架"出发，在城乡融合的视野下全面审视城乡共同富裕的含义和特征，制定城乡共同富裕阶段的发展举措。第四，城乡共同富裕有其主体多元、成因复杂、表现形式多样等复杂性特点，需要全面整合目前分散的城市发展政策，进一步完善、加强和统一组织领导，应考虑设立专门部门统筹全国城乡共同富裕工作，以在后 2020 时代进一步提高中国城乡共同富裕的整体性、系统性、协同性，为中国城乡整体发展以及世界可持续发展提供经验借鉴。

感谢中国国际扶贫中心和各级地方政府的大力支持，感谢比尔及梅琳达·盖茨基金会对课题研究的资助，感谢比尔及梅琳达·盖茨基金会北京代表处对课题成果出版的支持。对于在脱贫攻坚中不懈努力，为走出贫困、走向富裕而不断奔走的人们，对于在田间地头、工厂车间不断挥洒汗水谋求更好生活的人们，我们深表敬意。我们坚信，只要全国人民勠力同心，推进城乡融合发展，共同富裕就一定能实现！

目 录 >>>>>>

第 1 章
绪论

第 2 章 中国城市贫困： 回顾与展望	2.1 贫困与城市	004
	2.2 中国城市贫困阶段	007
	2.3 中国城市贫困测度	009
	2.4 中国城市减贫历程与成效	015
	2.5 小结	020

第 3 章 中国城市 贫困：治理的现状、 问题与对策	3.1 中国城市贫困治理的基本框架	022
	3.2 中国城市贫困的现状、特征与问题	032
	3.3 中国城市贫困治理的对策建议	038

第 4 章 城市贫困 集聚现象与国际治 理经验——以美国、 日本、巴西、印度、 墨西哥五国为例	4.1 城市贫困集聚现象的成因探析	044
	4.2 城市贫困集聚现象的危害	045
	4.3 城市贫困集聚治理：典型国家分析	047
	4.4 各国城市贫困集聚治理的经验与教训	056
	4.5 我国城市贫困集聚治理的政策建议	059

第 5 章 城乡融合 视角下后 2020 时 代的城乡共同富裕	5.1 城乡融合与城乡共同富裕的逻辑	063
	5.2 后 2020 时代中国低收入人口规模评估	068
	5.3 城乡差异视角下中国低收入群体形成原因	070
	5.4 城乡融合背景下实现共同富裕的多元化方式	072
	5.5 城乡融合发展视角下的低收入人口共同富裕对策	076

第6章 "小黄花大产业"——大同市云州区城乡融合发展中的产业"减贫账"

6.1 产业选择：从谋划到坚守，十年磨一剑　080

6.2 政府引导：全方位扶持，夯实产业基础　084

6.3 带动贫困户减贫的核心——合作社　085

6.4 延长产业链和促进城乡融合的重要力量——龙头企业　088

6.5 结束语　091

第7章 结论

参考文献

第 1 章　绪论

贫困是全人类面临的重大挑战，减缓贫困乃至消灭贫困一直是人类文明发展进程中的一个重大理论与现实问题。中华人民共和国成立 70 年来，尤其是党的十八大以来，习近平总书记对脱贫攻坚作出一系列新决策、新部署，提出一系列新思想、新观点，形成了习近平总书记关于扶贫工作的重要论述，是习近平新时代中国特色社会主义思想的重要组成部分，丰富发展了马克思主义反贫困理论，创新发展了中国特色的扶贫开发道路，为新时代打赢脱贫攻坚战提供了行动指南，为全球贫困治理贡献了中国智慧（刘永富，2019）。

我国现行标准下农村贫困人口从 2012 年底的 9899 万人下降到 2019 年底的 551 万人，贫困发生率降至 0.6%。《中共中央　国务院关于实施乡村振兴战略的意见》和《乡村振兴战略规划（2018—2022 年）》明确提出"坚决打好精准脱贫攻坚战"和"坚持城乡融合发展"；《关于建立健全城乡融合发展体制机制和政策体系的意见》进一步提出"强化打赢脱贫攻坚战体制机制"，并提出要以协调推进乡村振兴战略和新型城镇化战略为抓手，以缩小城乡发展差距和居民生活水平差距为目标。2020 年，尽管受到新冠肺炎疫情冲击，我国仍采取多种扶贫政策组合，让剩余 551 万人成功脱贫，脱贫攻坚战取得全面胜利。可以预计，中国将进入乡村振兴和城乡共同富裕的新阶段，在城乡融合发展中强化低收入人口保障工作将是后续战略的重要组成部分。

城乡融合发展下的减贫研究具有重要的理论和实践意义。第一，从全球视野来看，城乡二元体制分割是妨碍城乡要素自由流动和平等交换的体制机制壁垒，是形成低收入群体的深层次内因之一。中国提出城乡融合发展，是习近平新时代中国特色社会主义思想新发展理念的内在组成部分；通过城乡融合发展来实现共同富裕目标，是全球发展经济学与减贫实践中的新命题。本书有助于系统总结中国城乡融合发展中的减贫效应、影响及传导机制，为全球新发展经济学和国际减贫理论新发展以及中国特色社会主义城市发展理论作出新总结、新探索。第二，习近平总书记指出，在现代化进程中，如何处理好工农关系、城乡关系，在一定程度上决定着现代化的成败。建立健全城乡融合发展的体制机制和政策体系，需要按照实现"两个一百年"奋斗目标的战略部署，并与乡村振兴战略规划进行紧密衔接，分"三步走"持续到21世纪中叶实现全体人民共同富裕基本实现。深入研究城乡融合发展下的中国经济社会发展格局以及实现共同富裕约束条件的深刻变化，尤其着眼于乡村振兴战略及城乡融合发展效应评估等理论实践问题，从而提出城乡融合发展政策体系下的共同富裕战略和长效机制，对新时代中国高质量发展具有重要的指导意义。第三，中国城乡共同富裕事业是全球共同发展事业的重要组成部分，本书有利于加强中国与国际机构以及广大发展中国家在共同发展领域的交流合作，为全球共同发展事业提供中国故事、中国方案、中国贡献，为共同推进全球共同发展作出新贡献。

本书共7章。逻辑框架图如图1-1所示。

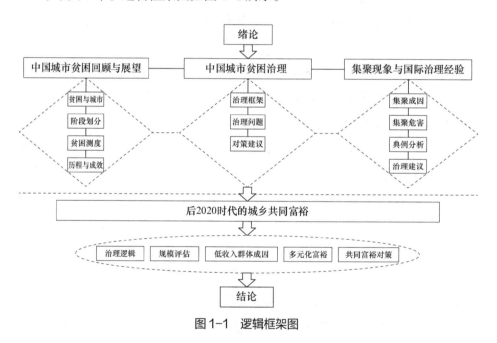

图1-1　逻辑框架图

第1章绪论，介绍了研究的背景与意义。第2章基于文献研究法，回顾并总结了中国城市贫困的发展阶段、类型和规模测算，在此基础上，结合中国城市贫困治理经验提出2020年后中国城乡融合发展政策下的共同富裕建议。第3章重点关注城市贫困的重要表现形式——城市贫困集聚现象，通过总结城市贫困集聚现象的成因、危害，从美国、日本、巴西、印度、墨西哥等国对城市贫困集聚治理的简况梳理出发，讨论我国可以借鉴的国际经验，提出有针对性的我国城市贫困集聚治理对策。第4章总结了中国城市贫困的现状、特征与成因，梳理当前中国城市贫困治理的治理机构、治理逻辑、制度体系，并分析其主要问题，在此基础上提出八条中国城市贫困治理对策建议。第 5 章通过讨论中国城乡融合与贫困治理现有理论逻辑与实践逻辑，确定后 2020 时代中国城乡共同富裕的核心思路；从城乡差异、城乡融合的视角出发，对后 2020 时代中国低收入人口规模进行评估，对成因进行分析，最终对可行的对策进行探讨。第 6 章以大同市"小黄花　大产业"发展为例，探究了"一大一小"型产业在精准扶贫、精准脱贫中的特殊内在规律和减贫效应，以及政府在产业发展中的作用，揭示了扶贫产业科学选择中"大"和"小"的辩证关系。第 7 章对全书主要结论进行总结。

第 2 章 中国城市贫困：回顾与展望

世界上已有超过半数的人口居住在城市，城市化被视为经济社会发展、人民生活水平提高乃至于人类文明程度的重要标志之一。然而，研究表明，城市也是高失业率、排斥和贫穷空间隔离的集中地，较高的城市化水平会提高贫困率，两者之间存在 U 形关系（Vazquez et al., 2009）。

改革开放尤其是脱贫攻坚战以来，中国减贫政策焦点一直在农村，农村减贫事业取得了举世瞩目的成就。2021 年 2 月，习近平总书记在全国脱贫攻坚总结表彰大会上庄严宣告，脱贫攻坚战取得了全面胜利，中国完成了消除绝对贫困的艰巨任务。相比之下，由于经济发展、收入分配、人口流动以及教育、医疗卫生、社会保障等诸多因素，中国城市贫困问题正在凸显出来。然而，城市贫困尚未进入国家治理的官方话语体系，城市贫困线、城市贫困人口统计工作处于空白，城乡贫困也有二元化发展趋势。本书基于文献研究法，回顾和梳理了中国城市贫困定义、类型与阶段特征，介绍了城市贫困规模测算方法、规模区间以及中国城市贫困治理经验，为实现后 2020 时代城乡融合发展背景下的共同富裕提出政策。

本章共分为五节。第一节从贫困概念出发，结合城市概念及中国特有的城乡二元户籍制度，梳理了城市贫困定义。第二节回顾总结了中国城市贫困阶段划分及类型特征。第三节梳理了绝对贫困、相对贫困、多维贫困等不同视角下中国城市贫困规模测度方法与结果。第四节简要介绍了中国城市贫困治理政策及其演变。第五节是结论和政策建议。

2.1 贫困与城市

2.1.1 贫困

"贫困"的传统定义主要基于收入或消费，即如果一个家庭的总收入不足以维持该家庭人口最基本的生存活动要求，该家庭就被认为"陷入了贫困之中"（朗特里，1901）。一国政府或国际机构为测算贫困规模或评估补助条件而制定的贫困线也是基于上述观念，如世界银行将国际贫困线设置为每人每天 1.9 美元（基于 2011 年购买力平价），认为这一标准可以满足一个人的基本生存需求；美国人口调查局（U.S. Census Bureau）和卫生及公共服务部（U.S. Department of Health and Human Services）根据收入和物价水平分别对每一年度的贫困线（the poverty thresholds）和贫困指导线（the poverty guidelines）进行动态调整，用于估算贫困人口规模和评估救济标准。

收入或消费贫困的概念简单易操作，却不能充分反映如公共服务获取、环境安全等问题。20 世纪 80 年代起，贫困概念逐渐被拓宽。阿马蒂亚·森提出了多维贫困理论，指出人的贫困不仅是收入贫困，也包括饮用水、道路、卫生设施等其他客观指标的贫困和对福利主观感受的贫困。联合国计划开发署在《人类发展报告（1997）》中指出，贫困是人们在寿命、健康、居住、知识、参与、个人安全和环境等方面的基本条件得不到满足，而限制了选择。世界银行（2009）也提出，除收入和消费外，获取负担得起的教育和医疗服务也应被视为扶贫战略的一部分。英国政府提出"贫困和不平等不仅是缺钱花，而且意味着你能活多久，你的生活质量如何"，为此专门对饮用水贫困和燃料贫困进行过界定：如果家庭水消费支出超过税后收入的 3%，取暖费超过收入总和的 10%，则分别陷入饮用水贫困和燃料贫困（王小林，Sabina Alkire，2009）。

贫困不仅反映了外界客观资源的缺乏，还意味着在社会层面的权利、地位被剥夺以及感受到相对剥夺的社会心态。1979 年，英国学者 Peter Townsend 提出"相对剥夺"概念，即在对有限资源的争夺中，由于社会优势群体的剥夺，导致社会资源不平等分割，社会劣势群体会陷入相对贫困的境地，并以他人或其他社会群体为参照物感受到相对剥夺的社会心态。缺失外界资源与缺失获取资源的个人能力密切相关，两者相互作用，使得弱势劣势群体进一步被剥夺，进而在社会生活的多个方面受到歧视与排斥（Bauman，1988；Maia Green & David Hulme，2005）。

纵观贫困相关研究，在不同时期、地域、文化和发展阶段，贫困的标准、构成、致贫原因以及消除贫困的具体目标也各异（肖文涛，1997；慈勤英，1998）。一个社会既存在部分成员或家庭的收入过低、难以维持基本生活水平的绝对贫困，也存在个人或家庭所拥有的资源可满足基本生活需求但不足以达到一个社会的平均生活水平的相对贫困（国家统计局，1990）；既存在因外部冲击导致的短期贫困，也存在因个人基本条件、外部环境等原因导致的长期贫困（Iliffe，1987）。总之，"贫困"绝不仅是基本生活必需品等物质的短缺，更包括文化、精神、社会服务等的匮乏、权利的剥夺以及获取和运用资源能力的欠缺。

2.1.2 城市贫困

"城市"作为一个特定的地理区域，由于人的集聚带动其他生产要素的集聚和流动是其最大特征。目前，多数国家在提供城市人口相关数据时采用行政标准（Buettner，2014；联合国人口司，2012）。在中国，城乡二元户籍制度将人口户籍分为农业与非农业两类，住房和城乡建设部明确：城市是指"以非农产业和非农业人口聚集为主要特征的居民点，包括按国家行政建制设立的市和镇"。2008年国务院出台《统计上划分城乡的规定》，将中国的地域划分为城市和乡村，城市区基本等同于城市实体地域范围，其中居住的常住人口统计为城市人口（张莉，2018）。

从世界范围来看，城市贫困几乎和城市产生与发展同步。人口流动与城市贫困关系密切，农业生产率的提高解放了大批农村劳动力，使其流入城市寻找工作机会。随着时间推移，移民内部会发生分化，一部分经济能力强的移民融入上层社会，而另一部分经济能力差的移民则融入社会底层，成为城市贫民（Portes，1993）。也有观点认为，城市贫困化很大程度上是农村贫困向城市的空间转移，无论在发达国家经济发展初期，还是当今诸多发展中国家，这种贫困迁移现象都非常明显（杨洋，马骁，2012）。联合国将城市贫困人口分为陷入贫困的原城市人口和流入城市的"未注册"人口，后者因其特殊性会受到各界的特别关注。

与农村贫困相比，城市贫困具有几个显著特点：第一，劳动力市场和工资水平是城市贫困最重要的决定因素（Amis，1995）。城市工业或服务业发达，商业化程度要高于农村地区，人们依靠市场交易来购买基本商品和服务，因此城市生活成本更高，这也使得城市贫困大多是相对贫困，绝对贫困数量有限。第二，由于城市中环境污染更为严重、住房与交通更加密集、犯罪率更高，城市贫民会面临更严峻的健康风险甚至会危及生命，加之其可获得的医疗资源匮乏，多种因素叠加严重影响城市贫民健康生活。第三，城市社会支持网络一般比农村弱，城市贫民享有更少的人际资源，城市贫困比农村贫困更不利于心理健康（Amato & Zuo，1992）。由于中国长期以来实行城乡户籍二元管理制度，城市与农村劳动力市场、公共服务体系存在巨大隔离与差异。近年来，随着城市化快速发展，城乡人口流动愈加频繁，对城市贫困人口的识别、贫困规模测度都更加复杂。

2.2 中国城市贫困阶段

中国城市贫困的类型及阶段划分取决于具体情境。李实和 Knight（2002）根据北京、辽宁等六省市住户调查数据，以收入标准和消费标准两项指标为标准，将城市贫困划分为持久性贫困、短暂性贫困和选择性贫困三类：某段时期收入和消费都低于贫困线标准被划分为持久性贫困；当收入低于贫困线但消费高于贫困线则为暂时性贫困；收入高于贫困线而消费低于贫困线为选择性贫困。但是，由于收入与消费受很多外在因素影响，且贫困的测量标准存在时间和空间相对性，这种划分方式的片面性和局限性也是非常明显的。中国的城市贫困有着本质上的国情特质和经济体制转型特征，必须通过类型划分与阶段划分相结合的方式，才能全面反映中华人民共和国成立以来的城市贫困变迁路径及其主要特征。

2.2.1 传统城市贫困时期（1949—1992 年）

中华人民共和国成立至20世纪90年代中期市场经济改革以前，中国一直实行广就业、低工资政策和城乡割裂的管理体制，贫困问题主要出现在农村，城市贫困问题并不突出，城市贫困人口组成与市场经济改革后存在明显区别，习惯上被称为"传统贫困时期"或"旧城市贫困时期"（苏勤、林炳耀，2003；范逢春，2016；臧元峰，2017）。这一时期的城市贫困人口，是中国的城市原生贫困人口，包括无劳动能力、无收入来源、无法定义务赡养人或抚养人的"三无"人员，可以视为城市里的"自然贫困"——生活得不到保证、面临温饱威胁，也是经济体制改革前政府救济的主要对象（张立宏，1995）。

2.2.2 新城市贫困时期（1992年至今）

与"三无"人员相比，城市新贫困人口来源更加广泛、构成趋于复杂、数量逐渐增多，且有劳动能力且愿意劳动的贫困人口占相当大的比重（苏勤，林炳耀，2003），如失业人员、下岗职工、停产半停产企业职工以及大量处于边缘性地位的进城务工农业转移人口（范逢春，2016）。新城市贫困时期又可分为初始期、发展期和凸显期（图2-1）。

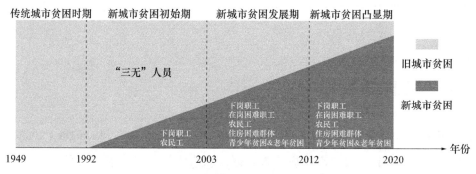

图2-1　中国城市贫困类型与阶段划分

（1）新城市贫困初始期（1992—2002年）

由于经济体制改革，就业体制和城市产业结构发生根本性转变，政府逐渐放手国有企业经营，让企业和劳动者在市场中自由竞争，国有企业职工不再拥有"铁饭碗"。在外资企业大举进入的情况下，很多落后的国有企业难以应对消费和需求结构的变化，迅速萎缩，导致大批国有企业职工下岗，失去生活来源，成为本阶段新增城市贫困人口的主体。仅1995—1999年四年间，在城市人均收入上升25%的情况下，城市贫困率急速上升至9%（李实、佐藤宏，2004）。

（2）新城市贫困发展期（2002—2012年）

随着市场经济发展与户籍制度改革，大量农民工进城务工。2002年1月，《中共中央　国务院关于做好2002年农业和农村工作的意见》第一次提出了针对农民进城务工的"公平对待，合理引导，完善管理，搞好服务"的十六字方针，2003年关于农民工就业管理与服务、工伤保险、工资发放的一系列措施密集出台，《城市流浪乞讨人员收容遣送办法》等不合理的措施得到废止，农村劳动力转移的体制障碍逐渐消除，农民进城务工规模越来越大，2004年达到1亿余人，为中国经济的发展作出了巨大贡献。但是，由于农民工文化教育水平普遍不高、就业能力差、社会资源缺失，加之社会上固有的流动人口身份被歧视等因素，农民工群体在城市中大多从事体力劳动，虽然收入较务农有所提高，但生活环境往往较差，面临的社会排斥压力也较大。此外，部分农民工子女的教育和生存环境受到影响，产生了贫困"代际传递"的问题。

除农民工外，城市户籍人口贫困出现了新的形式，比较突出的是在职贫困，也可称为工作贫困。这部分人口有固定工作，但收入难以满足正常生活需要。在城市化高速发展阶段，物价尤其是房价快速攀升，超出很多居民的购买能力，大批贫困人群聚集在城乡接合部或城中村、棚户区，安全风险、健康风险较高。此外，由于老龄化水平快速提升，部分老年人收入来源、健康情况、代际支持难以保障，老年贫困问题也愈加明显（易迎霞，2018）。

（3）新城市贫困凸显期（2012年至今）

2012年开始，中国经济进入中高速发展阶段，增速放缓，经济结构逐渐开始调整，消费对经济增长的贡献首次超过投资，党和政府越来越关注和着力于改善民生、提高人民生活水平。这一阶段城市贫困更加侧重多维度展开，而不仅是贫困人口规模的扩大。除基本的水、住房、教育、卫生、健康等方面外，相对贫困、就业贫困、心理贫困等多种类型的贫困逐渐受到重视，并且日益成为城市贫困关注的重点。

需要指出的是，对中国城市贫困的阶段与类型划分（图2-1）并非完全独立，例如城市贫困初始期也存在贫困农民工，但该阶段贫困人口和贫困治理重点是下岗职工；城市贫困发展期也存在各种形式的多维贫困，然而贫困农民工、工作贫困、住房贫困等是本阶段重点考虑的问题；而计划经济体制下的"三无"人员，虽逐年减少，但仍跨越各个阶段至今。

近年来，流动人口规模逐渐下降，户籍制度改革大力推动，城市贫困治理也应与农村减贫相结合，突破单一地区或户籍维度的限制，在"中国城乡贫困四象限分析框架"中全面解决中国贫困问题，为世界范围内贫困治理贡献更多经验（表2-1）。这也是本课题组的下一步研究工作。

中国城乡贫困四象限分析框架　　　　　　　表2-1

	城市地区	农村地区
城市户口	"三无"人员，失业人口，在岗困难职工	农村地区非农贫困人口
农村户口	农民工贫困人口	农村地区农业贫困人口

2.3　中国城市贫困测度

国内外学者和机构对中国城市贫困开展了诸多测量，主要包括绝对贫困测度、相对贫困测度及多维贫困测度三类，不同贫困线测度的结果差异很大。

2.3.1 绝对贫困测度

目前,全球较为通用的贫困线是世界银行 2015 年发布的每人每天 1.9 美元(以 2011 年的购买力平价计算),按照这一标准,2013 年中国城市贫困人口约占城市总人口的 0.5%(世界银行,2018)。但是,学者们对中国城市绝对贫困线有着自己的见解。王有捐(2002)根据 1875 元的城市贫困线,用 2000 年城市住户调查资料测算中国城市贫困总人口为 1050 万人,贫困率为 3.44%,贫困人口比 1995 年减少 192 万,下降 15%。Chen 和 Ravallion(2004)以 1200 元的城市贫困线标准(2002 年购买力平价计算),测算中国 1981—2002 年的城市贫困发生率。Hao(2009)利用亚洲开发银行的诊断贫困线(diagnostic poverty line)评估了中国 1998 年的城市贫困发生率为 4.7%,利用中国政府最低生活补贴标准计算了 2007 年城市贫困发生率为 3.9%。梁汉媚、方创琳(2011)利用低保人数统计数据计算了 2008 年中国城市贫困发生率为 3.8%。王小林、张德亮(2013)以 2009 年城市人均收入的 25% 为基准,测算出 1989—2009 年间 8 个年份的贫困发生率,由于未考虑价格变动,导致早年贫困发生率极高。以上测算见表 2-2。

2.3.2 相对贫困测度

多数经合组织(OECD)国家及欧盟统计局采用相对贫困线测算贫困发生率,该贫困线一般是平均收入或中位值收入的固定比例(通常为 50%)。Ravallion(2019)认为这种强相对贫困的测量方法忽略了绝对生活水平,因而提出弱相对贫困的测量方法,但目前相对贫困测度仍以强相对贫困为主。Appleton、Song 和 Xia(2010)使用中位收入的 50%,对中国城市地区的贫困进行研究,测算出 1988 年、1995 年、1999 年、2002 年贫困发生率分别为 3.1%、8.2%、9.28% 和 10.46%。沈洋洋和李实(2020)认为采用"城乡一条线"的相对贫困标准,则大部分贫困人口仍分布在农村,忽视了城市贫困的重要性,因此应分别以城市或农村居民中位收入的 40% 划定贫困线,此标准下中国城市相对贫困线为 12000 元,贫困发生率 9%。

无论采用绝对贫困还是相对贫困进行测算,城市贫困发生率都与城市大小呈反比:直辖市的贫困率低,而地级城市的贫困率要较直辖市高出数倍,因此,城市贫困似乎是一种小城市现象,超过 80% 的城市贫困人口居住在地级及以下城市(世界银行,2009)。一项针对中国 352 个地级及以上城市贫困空间演化的研究也发现，中小城市、资源型城市和少数民族聚居型城市相对拥有更高的贫困发生率（袁媛等，2016）。

2.3.3 多维贫困测度

意识到收入不能准确反映城市贫困的规模与本质后，人们开始逐步发展并完善多维贫困测量。Alkire 和 Foster 在 2007 年开发出来的 AF 方法被广泛使用，并逐渐受到重视。2010 年，联合国开发计划署（UNDP）利用收入、教育、健康、社会保障、住房质量与面积、住房服务（housing services）、社会排斥、人身安全等 8 个维度，比较了越南河内和胡志明市的城市贫困状况。牛津大学贫困与人类发展倡议（OPHI）和 UNDP（2019）使用该方法，从健康、教育、生活水平 3 个维度出发，使用营养、儿童死亡率、受教育年数、入学率、煮饭燃料、卫生、饮用水、电力、住房、资产等 10 个指标，以加权评分的方式，编制了全球多维贫困指数 MPI，覆盖 100 多个发展中国家。王小林和 Alkire（2009）利用 2006 年中国健康与营养调查数据（CHNS），在确定住房、饮用水、卫生设施、电、资产、土地、教育、健康保险 8 个指标被剥夺临界值的基础上，测量了中国城市和农村多维贫困指数，发现城市和农村家庭都存在收入之外的多维贫困，近 1/5 的家庭存在收入之外任意 3 个维度的贫困，城市贫困中健康保险、卫生设施、受教育年限、安全饮用水以及住房贫困比较突出。针对中国城市贫困测度的来源、标准、评估年份、类型及结果见表 2-2 和图 2-2。

表 2-2 中国城市贫困测度

	测算类型	测算主体	测算标准	测算对象	测算年份	贫困人口比例	数据来源
1	绝对贫困	Fang et al. (2002)	每人每天 1 美元	仅城市户籍人群	1992—1998（除1993年）	2.09%（1992年）；2.73%（1994年）；1.65%（1995年）；1.69%（1996年）；2.00%（1997年）；2.06%（1998年）	国家统计局城市家庭调查（UHS）
			每人每天 1.5 美元			13.74%（1992年）；13.18%（1994年）；10.27%（1995年）；8.41%（1996年）；9.21%（1997年）；8.86%（1998年）	
2		Khan (1998)	每人每天 2150 卡路里的摄入量	—	1988	8.00%	中国家庭收入计划（CHIP）
					1995	8.80%	
			每人每天 2100 卡路里的摄入量		1988	2.70%	
					1995	4.00%	
3		国家统计局城市调查总队 王有捐（2002）	城市贫困线 1875 元	仅城市户籍人群	2000	3.44%（1050万人）	国家统计局城市住户调查资料
4		Meng, X., Gregory, R., & Wang, Y. (2005).	采用 cost-of-basic-needs（CBN）方法计算贫困线 每人每天 2100 卡路里的摄入量	仅城市户籍人群	2000	10.19%（消费衡量的最高贫困线）；3.92%（消费衡量的最低贫困线）；3.97%（收入衡量的最高贫困线）；1.71%（收入衡量的最低贫困线）	国家统计局城市家庭收支调查（UHIES）
5		Chen, S., & Ravallion, M. (2004).	城市贫困线 1200 元（2002年价格）	仅城市户籍人群	1981—2002	6.01%（1981年）；2.16%（1982年）；1.56%（1983年）；1.27%（1984年）；1.08%（1985年）；3.23%（1986年）；1.62%（1987年）；2.07%（1988年）；7.05%（1989年）；2.58%（1990年）；1.66%（1991年）；1.13%（1992年）；1.01%（1993年）；1.19%（1994年）；0.85%（1995年）；0.61%（1996年）；0.70%（1997年）；1.16%（1998年）；0.57%（1999年）；0.63%（2000年）；0.50%（2001年）；0.54%（2002年）	国家统计局城市家庭调查（UHS）

续表

	测算类型	测算主体	测算标准	测算对象	测算年份	贫困人口比例	数据来源
6	绝对贫困	世界银行（2009）	世行标准的两倍或者三倍	仅城市户籍人群	2003	3%～6%（1000万～2000万，世行贫困线标准2倍）；10%～20%（3400万～7200万，世行贫困线标准3倍）	国家统计局2003年城市住户调查样本
		Hao（2009）	亚洲开发银行的诊断贫困线	仅城市户籍人群	1998	1480万，4.7%	国家统计局城市家庭调查（UHS）
			中国政府的最低生活补贴标准		2007	2270万，3.9%	
		袁媛、古叶恒、陈志灏（2016）	采用每个城市的最低保障线为绝对贫困线	仅城市户籍人群	2007	3.19%	民政部2007年，2011年统计数据
7					2011	3.20%	
		世界银行（2018）	每天消费不足1.9美元（按2011年的购买力平价计算）	—	2013	0.5%	—
8	绝对贫困与相对贫困	王小林、张德亮（2013）	绝对贫困线：2009年城市人均收入的25%	仅城市户籍人群	1989、1991、1993、1997、2000、2004、2006、2009	67.9%（1989年）；55.2%（1991年）；45.3%（1993年）；34.7%（1997年）；22.9%（2000年）；19.8%（2004年）；13.2%（2006年）；6.6%（2009年）	中国营养与健康调查（CHNS）1989—2009
			相对贫困线：人均纯收入中位数的25%			1.8%（1989年）；7.7%（1991年）；8%（1993年）；11.3%（1997年）；12.6%（2000年）；13.6%（2004年）；10.1%（2006年）；6.6%（2009年）	
9		Appleton, S., Song, L., & Xia, Q. (2010)	绝对贫困线 1200元/（人·年）2400元/（人·年）3600元/（人·年）（2002年价格）		1988	0.16%（1200元每人每年）；7.54%（2400元每人每年）；37.14%（3600元每人每年）；3.10%（中等收入的一半）	中国家庭收入计划（CHIP）
					1995	0.64%（1200元每人每年）；7.33%（2400元每人每年）；25.79%（3600元每人每年）；8.20%（中等收入的一半）	
			相对贫困线 中位收入的一半		1999	0.27%（1200元每人每年）；2.87%（2400元每人每年）；10.90%（3600元每人每年）；9.28%（中等收入的一半）	
					2002	0.12%（1200元每人每年）；1.91%（2400元每人每年）；7.91%（3600元每人每年）；10.46%（中等收入的一半）	

续表

	测算类型	测算主体	测算标准	测算对象	测算年份	贫困人口比例	数据来源
10	相对贫困	王朝明、姚毅（2010）	以当期家庭可比收入中位数的50%作为贫困线	—	1990	16.09%	中国营养与健康调查（CHNS）
					1992	17.23%	
					1996	19.56%	
					1999	19.94%	
					2003	23.02%	
					2005	24.72%	
11		沈扬扬、李实（2020）	按照居民中位收入的40%作为相对贫困标准	城市常住人口	2018	9%（7000万人）	中国家庭收入计划（CHIP）2018
12	多维贫困	王小林、Alkire（2009）	住房、饮用水、卫生设施、电、资产、土地、教育、健康保险	城市人口	2006	城市近1/5家庭存在收入之外任意3个维度的贫困。突出的贫困维度是：59.9%的城市居户没有卫生设施，10.9%的城市居民户没有健康保险，26.3%的城市居户没有受教育年限没有达到5年，7.5%的家庭中至少有1名成人受教育不能获得安全饮用水，6.5%的居民户无自己的住房	测算数据为中国健康与营养调查（CHNS）2006
13		Alkire et al.（2019）	营养、儿童死亡率、受教育年数、入学率、煮饭燃料、卫生、饮用水、电力、资产9项指标（住房维度缺失）	—	2014	2.06%（多维贫困指数为0.016）	测算数据为中国家庭追踪调查（CFPS）2014

注："—"均代表资料缺失。

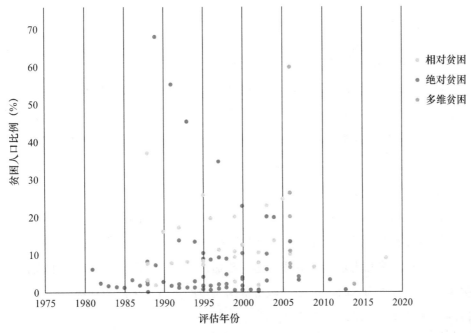

图 2-2 中国城市贫困测度散点图

根据年份将不同测算方法得出的城市贫困人口比例制成散点图（图 2-2）。需要指出的是，上述研究中，不同的测度方法下，不同时期的城市贫困发生率差异很大；甚至同一时期、同一方法，不同数据得出的结果也完全不同。例如 Chen 和 Ravallion（2004）和 Appleton、Song 和 Xia（2010）采用了相同的标准、不同的数据，来评估 2002 年的城市贫困发生率，结果相差 4 倍多。但是，无论是简单采用最新的城市低保人数（2019 年 5 月 940.7 万人），还是采用 40% 的相对贫困标准（7000 万人；沈扬扬、李实，2020），中国目前城市低保人口都已经超过农村低保人口。此外，图 2-2 反映出近几年来对城市低保测度的研究逐渐减少，城市低保人口规模的动态变化情况缺乏已有成果支撑，该领域研究亟待重视和加强。

2.4 中国城市减贫历程与成效

根据本章第 2 节的内容，可将中国城市贫困划分为传统时期（1949—1992 年）与新时期，且新时期又可划分为初始期（1992—2002 年）、发展期（2002—2012 年）与凸显期（2012 至今）。其中，不同时期的减贫措施有所区别却也体现出一定的连续性和一致性。

2.4.1 中国城市减贫历程

(1) 传统城市贫困时期

这一时期，城镇人口以低收入为前提实现了高就业，配合就业后的各种福利制度，城市贫困问题并不突出（唐钧，1998）。相应地，社会救济制度主要发挥"拾漏补缺"作用，对象为城市中无劳动能力、无收入来源、无法定义务赡养人或抚养人的"三无"人员，形式分为定期定量救济和临时救济两种（刘喜堂，2010）。

(2) 城市贫困初始期

这一时期，伴随着经济体制改革、就业体制和城市产业结构的根本性转变，城市贫困群体发生变化，城市贫困发生率也显著上升。很多落后的国有企业难以应对消费和需求结构变化，迅速萎缩，导致大批国有企业职工下岗，失去生活来源，成为本时期内新增城市贫困人口的主体。传统的社会救济制度难以满足城市减贫的需求，新的制度应运而生。

首先，城市居民最低生活保障制度诞生。1993年，上海试点城市居民最低生活保障制度，随后，1999年国务院发布《城市居民最低生活保障条例》，城市低保制度正式在全国推行。类似于贫困线的"低保线"，由地方政府根据当地居民最低生活水平需要设定。由于不同地区居民生活必需品价格和人民生活水平具有时空分异，低保线的确定方法也在不断完善。

其次，从就业角度发力。为保障国有企业改革顺利推进，国家出台了以"三条保障线"为主要内容的就业政策，下岗职工基本生活保障、三年后未就业者的失业保险、失业保险满两年仍未就业者享受城市居民最低生活保障（武力，王蕾，2019）。但是，这些政策只能暂时解决失业人员的温饱问题，无法根本性解决失业问题，2000年后的三年失业登记人数仍不断增长。2002年起，中国开始实施积极的就业政策。同年9月，《中共中央 国务院关于进一步做好下岗失业人员再就业工作的通知》下发，要求努力开辟就业门路，积极创造就业岗位，鼓励下岗失业人员自谋职业和自主创业。

最后，提供保障性住房。住房一直是城市贫困人口的一大待解决难题，由于商品房难以解决中低收入家庭的住房困难，1991年《关于继续积极稳妥地进行城市住房制度改革通知》提出建设有保障性质的商品房（也被称为"解困房"），以低于市场价出售给无房户、危房户和住房困难户；1994年《城市经济适用住房建设管理办法》首次系统规定了经济适用房性质、适用范围等；1995年国家开始推行"安居工程"，为住房困难户提供低价房源。1998年，保障房制度进入新阶段，国家正式推出经济适用房，《国务院关于进一步深化城镇住房制度改革加快住房建设的通知》（国发〔1998〕23号）提出在当年停止住房实物分配，新建经济适用房原则上只售不租。1999年建设部颁布《城市廉租住房管理办法》，针对城市常住居民的最低收入家庭，提供租金相对低廉的廉租住房。

（3）城市贫困发展期

这一阶段，在城市原生人口中，工作贫困和老年贫困问题较为突出。同时随着市场经济发展与户籍制度改革推行，大量农民工进城务工，城市外来人口的贫困问题产生。但是，相应的减贫政策仍主要聚焦于城市户籍人口。

2011年，民政部印发《关于进一步规范城乡居民最低生活保障标准制定和调整工作的指导意见》（民发〔2011〕80号），强调运用基本生活费支出法、恩格尔系数法和消费支出比例法三种测算方法对各地低保线调整工作进行规范（李春根、夏珺，2014）。从2004年开始，民政部等相关部委着手探索和建立以城市低保制度为主体，以优惠政策和临时救助制度为补充，以医疗救助、教育救助、住房救助等相配套的综合性社会救助体系（唐钧，2005）。2005年，国务院又下发了《国务院关于进一步加强就业再就业工作的通知》（国发〔2005〕36号），扩大就业培训范围，鼓励创业带动就业，扶助中小企业，开展公共工程建设提供工作岗位，为大龄失业人群和就业困难人群提供公益性岗位，为残疾人提供多种多样就业，多措并举促进就业。此外，在住房方面，由于城市廉租房制度建设相对滞后，经济适用住房制度不够完善，保障性住房建设无法满足城市发展的需求，国务院在2007年发布《国务院关于解决城市低收入家庭住房困难的若干意见》（国发〔2007〕24号），进一步建立健全城市廉租房制度，改进和规范经济适用住房制度，逐步改善住房困难群体的居住条件。此次廉租住房保障对象由最低收入家庭逐步扩大到低收入家庭；相应地，经济适用房供应对象由中低收入家庭调低为低收入家庭（魏后凯、王宁，2012）。但是，这种设计无法照顾到两类"夹心层"（不能享受廉租房又无能力购买经济适用住房的低收入住房困难群体、家庭收入既不允许购买经济适用住房又无能力购买普通商品住房的中低收入群体）。为此，住房和城乡建设部等七部门于2010年联合发布了《关于加快发展公共租赁住房的指导意见》（建保〔2010〕87号），对中低收入家庭提供公共租赁住房。

（4）城市贫困凸显期

2012年开始，中国经济进入中高速发展阶段，增长速度逐渐放缓，经济结构逐渐开始调整，这一时期的城市贫困更侧重多维度展开，减贫政策对特殊群体有较明显的倾向。

特殊群体保障主要包括进城农民工子女教育和城市老龄人口服务两类。早在1996年，国家教委就出台了《城市流动人口中适龄儿童、少年就学办法》，提出流入地政府要为流动人口中的适龄儿童、少年提供义务教育机会。这一政策打破了在户籍所在地接受教育的壁垒，但实施过程并未达到预期效果。随着城市流动人口不断增加，问题愈发严重，2001年国务院出台了《国务院关于基础教育改革和发展的决定》（国发〔2001〕21号），首次提出"以流入地政府为主，以全日制公办中小学为主"的"两为主"政策；后来，又相继出台了《关于进一步做好进城务工就业农民子女义务教育工作的意见》（国发〔2003〕78号）、《国务院关于解决农民工问题的若干意见》（国发〔2006〕5号）等一系列政策，有效促进了农民工随迁子女入学。到2012年，在流入地全日制公办中小学就读的农民工随迁子女比例已经达到80.15%（魏后凯，王宁，2013）。全国农民工监测数据显示，2017年义务教育年龄段随迁儿童的在校率已达98.7%。2019年，国家发展改革委印发《2019年新型城市化建设重点任务》，要求实现公办学校普遍向随迁子女开放，完善随迁子女在流入地参加高考的政策。

随着老龄化趋势不断加快，中国60岁及以上人口已达2.54亿，占全国总人口的18.1%[①]；预计在2050年左右中国老年人口将达到4.87亿，占总人口的34.9%，提高城市老年人口的健康水平和信心水平尤为重要[②]。据测算，2012年城市老年人口中，消费贫困、健康贫困、信心贫困发生率分别为1%、7%和13.7%，健康贫困甚至比2010年高出1%。健康对老年人主观福利贫困十分敏感（王小林等，2012），且需要日常照料的老年人贫困发生率明显高于不需要日常生活照料的老人（乔晓春等，2006）。针对老年人特殊需求和心理状态，全国老龄办早在2008年就发布了《关于全面推进居家养老服务工作的意见》，提出采取"民办公助"形式，鼓励社会力量参与、兴办居家养老服务业，加强专业化居家养老服务队伍建设，全面推进居家养老服务工作。近些年，各地政府相继出台关于推进居家养老服务的政策，如北京于2018年出台《关于建立居家养老巡视探访服务制度的指导意见》，提出为高龄老人提供关怀访视、心理咨询，以满足老人精神层面的关怀需求，为减缓和消除老年低收入入口问题提供了有益参考。

除去对特殊群体的关照，对于原有政策着力点，中国政府仍在持续发力。

[①] 数据来源：国家统计局.《2019年国民经济和社会发展统计公报》.
[②] 数据来源：http://www.xinhuanet.com/health/2018-07/20/c_1123151851.htm.

例如，2012 年，国务院批转下发《促进就业规划（2011—2015 年）》，这是首部由国务院批准的促进就业专项规划，再次强调发展吸纳就业能力强的企业拉动就业，实行有利于促进就业的财政保障、税收优惠、金融支持、对外贸易等政策，促进创业带动就业，同时加强专业技术人员培养力度，健全就业援助。

2.4.2 中国城市减贫成效

中华人民共和国成立至今 70 多年，"城市贫困"并未进入官方话语体系，这是由中国的制度国情和经济体制的历史性共同决定的。但是，自 20 世纪 90 年代以来，城市的贫困现象与问题并未被忽视，中国逐渐形成了一套以城市低保制度为基础并包括就业扶持政策、城市住房保障制度等多方面的城市减贫体系，取得很大成效。

在最低生活保障制度的具体实施中，低保资金由地方政府负责，因而各地在 2000 年之前的低保标准偏低，2000 年底纳入低保的人数仅 402.6 万，远不能反映城市贫困的真实程度。进入 21 世纪，中央政府强调要扩大覆盖面，由中央财政支持财力较弱的地方政府，低保受益人群从 2000 年开始迅速增长，2002 年达到 2000 余万人，之后稳定在 2300 万人左右，直至 2010 年开始逐年下降，并于 2013 年起显著下降。截至 2019 年 5 月底，全国城市共有低保对象 940.7 万人（图 2-3）。低保人数的快速下降一方面与居民收入增加有关，另一方面则是因为操作层面上全面加强了低保审核，降低了错保率（岳经纶、胡项连，2018）。

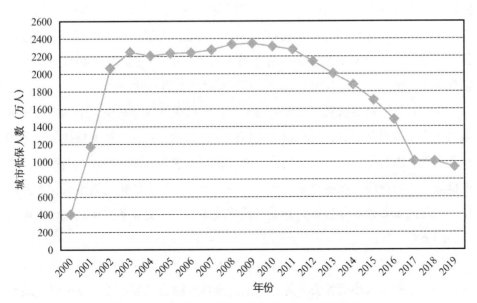

图 2-3 中国城市低保人数（2000—2019 年）

2.5 小结

城市贫困是世界范围内的普遍现象，狭义的城市贫困是指城市地区人口收入或消费无法满足基本生活需要，广义的城市贫困则是包含生活、健康、教育甚至社会支持在内的多维贫困。目前城市贫困人口规模测度一般有绝对贫困测度、相对贫困测度和多维贫困测度三种方式。

尽管中国政府也出台了一系列城市贫困人口保障和救济措施，如最低生活保障制度、就业促进政策等，"城市贫困"一词尚未进入中国官方话语体系。形成鲜明对照的是，国内外学界和相关机构已有大量关于中国城市贫困的研究。中国城市贫困可划分为传统城市贫困（1949—1992年）和新城市贫困（1992年至今）两个阶段，其中新城市贫困又可分为初始期（1992—2002年）、发展期（2002—2012年）和凸显期（2012年至今）。每个阶段贫困人口主体不同，旧城市贫困主要是"三无"人员，新城市贫困初始期主要是下岗职工，发展期主要是农民工、在岗困难职工、老年贫困等，凸显期则向相对贫困、就业贫困、心理贫困等多维展开。按收入或消费来绝对贫困测算，城市贫困人口比例在0.12%~20%；按相对贫困估算城市贫困发生率则有1.8%~37.14%；按多维贫困估算，20%以上（2006年）城市家庭存在除收入外任意三个维度的贫困。不同的测度方法下，不同时期的城市贫困发生率差异很大；甚至同一时期、同一方法，不同数据得出的结果也完全不同。但是，无论简单采用最新的城市低保人数作为城市绝对贫困（2019年5月940.7万人），还是采用40%的相对贫困标准（7000万人），中国"城市贫困"问题已不容回避。

最近五年以精准扶贫精准脱贫为主要特征的脱贫攻坚战中，中国农村减贫取得了举世瞩目的成就，也积累了丰富经验，如精准识别、精准帮扶、动态调整等。随着农村绝对贫困问题消除、城市化水平提高和城乡融合不断推进，城市低收入人口保障问题将越来越突出。中国政府必然会认识到城市低收入人口保障问题的重要性和紧迫性，并适当转移政策焦点，更加务实和积极地应对城乡共同富裕工作。

为此，本书建议：第一，重视城市贫困与城市减贫的已有成果，在实现乡村振兴、全面进入小康社会之际，深刻把握城乡融合发展本质，及早研究城乡融合发展政策下的城市低收入人口标准，在谋划后2020时代的城乡共同富裕的战略中,构建统筹城乡、城乡一体的低收入人群划分标准以及实现城乡共同富裕策略。第二,积极借鉴农村减贫经验,并结合城市管理特点,积极采用大数据、人工智能等先进技术与"网格化"等方法,完善城市贫困监测体系,精准识别城市低收入人口,测度城市低收入规模,构建科学的城市低收入人口扶助政策体系。第三,在中国当前特有的户籍制度及目前城乡统计方法下,应从城乡地区划分和城乡户籍划分的"二维框架"出发,在城乡融合的视野下全面审视城乡低收入的标准和特征,制定城乡共同富裕阶段的城乡发展措施。第四,实现城乡共同富裕有其主体多元、成因复杂、表现形式多样等复杂性特点,需要全面整合目前分散的城市低收入人口保障政策,进一步完善、加强和统一组织领导,应考虑设立相应部门,由其统筹全国城乡共同富裕工作,以在后 2020 时代进一步提高中国城乡发展的整体性、系统性、协同性,为中国城乡总体共同富裕以及世界区域协同发展提供经验借鉴。

第 3 章 中国城市贫困：治理的现状、问题与对策

在乡村脱贫攻坚取得巨大胜利、乡村振兴上升到国家战略之际，城市低收入人口的多维（教育、医疗、住房、就业等）困境又再次成为各界人士关注的重点领域。本章通过介绍中国城市贫困治理的基本框架（机构组织、核心逻辑和制度体系），探究中国城市治理的现状、特征和问题，在此基础上，进一步开出城市低收入人口的"中国药方"，促进中国城市低收入人口生活水平的提升，解决好城市低收入人口的生产、生活困境。

3.1 中国城市贫困治理的基本框架

城市贫困治理的基本框架涉及机构组织、核心逻辑和制度体系三方面的主要内容，具体而言：① 机构组织是指横向多个部门的分工合作和纵向中央与地方的协调配合；② 核心逻辑主要包含自由主义、公平至上及效率与公平均衡三大体系；③ 制度体系主要由最低生活保障、特困人员供养、医疗救助及教育救助等 7 个涉及城市低收入人群基本生活需求各方面的制度构成。

3.1.1 机构组织

中央层面，原国务院扶贫开发领导小组（以下称为领导小组）由国务院办公厅、原国务院扶贫办、中央组织部、民政部、财政部、中国人民银行、教育部、住房城乡建设部、国家卫生健康委员会等有关部门的负责同志组成，负责拟定扶贫开发的法律法规、方针政策和规划以及协调解决扶贫开发工作中的重要问题，调查、指导全国的扶贫开发工作。其中，民政部负责具体社会救助政策、标准的拟定，统筹社会救助体系建设；国卫生健康委员会、教育部、住房城乡建设部、人力资源社会保障部、中国人民银行等部门，按照各自职责负责相应的社会救助

管理工作；中央组织部负责协调各政府机构的人员力量参与扶贫。除领导小组成员外，还有应急管理部负责受灾人员救助管理工作和国务院直属部门医疗保障局负责医疗保障制度的法律法规草案、政策、规划以及标准的拟定（图 3-1）。

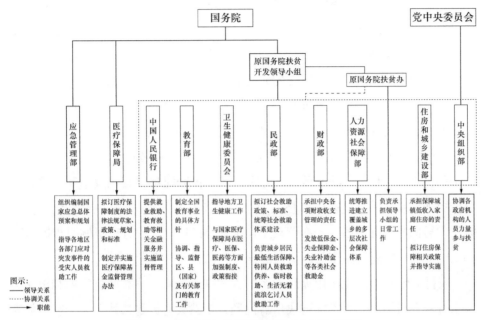

图 3-1 中央城市贫困治理机构及职能示意图

中国的扶贫开发实行分级负责。与中央层面类似，各省、自治区、直辖市和地（市）、县级政府也成立了相应的组织机构，负责本地扶贫开发工作（图 3-2）。

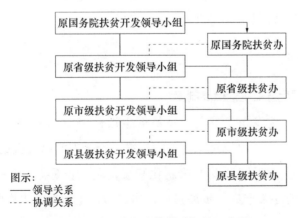

图 3-2 中国各级政府扶贫机构示意图

3.1.2 核心逻辑

对城市贫困治理的认知，目前基本可以归纳为三大核心逻辑。一是自由主义逻辑，代表是米尔顿·弗里德曼的《资本主义与自由》。此逻辑强调效率优先，强调以市场自由化的充分竞争作为财富分配的主要手段，认为市场选择即最为公平。二是公平至上逻辑，代表是罗尔斯的《正义论》，强调公平至上，认为"正义是制度的首要美德"，如果不能做到使"不平等分配"对每个人有利，即应当平均分配各种资源。三是效率与公平的均衡逻辑。"公平和效率两者虽有矛盾的，但是在某些情况下，可以找到一个平衡点"（李强，2019）。

中国城市贫困治理的基本逻辑是寻找效率与公平的均衡点。改革开放四十年，党和政府在强调效率和发展、不断推进市场化竞争的同时，高度重视社会公平问题，努力在全社会寻找效率和公平的均衡点。从党的十四大第一次提出"效率优先兼顾公平"，十七大报告提出"初次分配和再分配都要处理好效率和公平的关系"，十八大报告提出"初次分配和再分配都要兼顾效率和公平，再分配更加注重公平"的改革思路，十九大报告再次明确"坚持在经济增长的同时实现居民收入同步增长、在劳动生产率提高的同时实现劳动报酬同步提高"，都反映了党和政府对城市贫困治理的核心逻辑和根本理念。

农村的绝对贫困无法用提高效率的方式彻底消除，依靠产业发展和市场经济来带动乡村振兴，并不能解决所有问题，依然会有大量与社会完全脱节的农村贫困人群要依靠公平至上逻辑下的政策得以脱贫。相反，城市贫困人群与农村完全不同，彻底与社会脱节的绝对贫困是城市贫困的次要矛盾和特殊问题，需要特殊的"政策补丁"来应对。整体上城市贫困治理的核心逻辑偏向于效率逻辑，同时追求公平性。否则，作为国家经济"发动机"的城市将大大牺牲应有的活力，这是城市贫困治理不应出现的代价。

3.1.3 制度体系

（1）城市居民最低生活保障制度

1999 年国务院发布《城市居民最低生活保障条例》（国务院令〔1999〕271 号），明确规定了保障对象、保障标准、资金来源以及救助程序，标志着城市居民最低生活保障制度的法制化和规范化（表 3-1）。2001 年国务院发布《国务院办公厅关于进一步加强城市居民最低生活保障工作的通知》（国办发〔2001〕87 号）以及 2004 年民政部发布《进一步加强和规范城市居民最低生活保障工作的通知》（民办函〔2004〕60 号）进一步规范低保标准和保障水平，城市居民最低生活保障制度建设日益完善。2015 年，民政部发布《民政部关于加快推广应用全国最低生活保障信息系统的通知》（民函〔2015〕83 号），要求提升社会救助信息化管理水平，加快"低保一期系统"推广，在转变低保业务管理方式、规范操作、强化监管等方面发挥了重要作用。从实施城市低保制度以来，经过不断地探索和发展，目前已形成覆盖全国城镇居民的生活救助网，为促进经济社会发展、推进城市贫困治理发挥着重要作用。

城市居民最低生活保障制度的主要内容　　　　表3-1

保障条例	《城市居民最低生活保障条例》
保障对象	持有非农业户口的城市居民且共同生活的家庭成员人均收入低于当地城市居民最低生活保障标准
保障标准	按照当地维持城市居民基本生活所必需的衣、食、住费用，并适当考虑水电燃煤（燃气）费用以及未成年人的义务教育费用确定。 直辖市、设区的市的城市居民最低生活保障标准，由市人民政府民政部门会同财政、统计、物价等部门制定，报本级人民政府批准并公布执行
资金来源	地方各级人民政府负责制。城市居民最低生活保障所需资金，由地方人民政府列入财政预算，纳入社会救济专项资金支出项目，专项管理，专款专用。 国家鼓励社会组织和个人为城市居民最低生活保障提供捐赠、资助；所提供的捐赠资助，全部纳入当地城市居民最低生活保障资金

（2）特困人员供养制度

2014年国务院颁布《社会救助暂行办法》（国务院令〔2014〕649号），首次提到"特困人员"这一概念，将传统的农村五保供养制度与城市"三无"人员保障制度整合为新的特困人员供养制度。2016年国务院发布《国务院关于进一步健全特困人员救助供养制度的意见》（国发〔2016〕14号），对特困人员救助供养的目标、基本原则、制度内容及保障措施提出具体要求；同年民政部颁布《特困人员认定办法》（民发〔2016〕178号），进一步明确了救助人员评估标准和相关救助程序（表3-2）。

特困人员供养制度主要内容　　　　表3-2

救助对象	无劳动能力、无生活来源且无法定赡养、抚养、扶养义务人，或者其法定赡养、抚养、扶养义务人无赡养、抚养、扶养能力的老年人、残疾人以及未满16周岁的未成年人
救助内容	①提供基本生活条件； ②对生活不能自理的给予照料； ③提供疾病治疗； ④办理丧葬事宜。 对符合规定标准的住房困难的分散供养特困人员，通过配租公共租赁住房、发放住房租赁补贴、农村危房改造等方式给予住房救助。对在义务教育阶段就学的特困人员，给予教育救助；对在高中教育（含中等职业教育）、普通高等教育阶段就学的特困人员，根据实际情况给予适当教育救助

续表

救助标准	特困人员救助供养标准包括基本生活标准和照料护理标准。 基本生活标准应当满足特困人员基本生活所需。照料护理标准应当根据特困人员生活自理能力和服务需求分类制定，体现差异性。 特困人员救助供养标准由省、自治区、直辖市或者设区的市级人民政府综合考虑地区、城乡差异等因素确定、公布，并根据当地经济社会发展水平和物价变化情况适时调整。 民政部、财政部要加强对特困人员救助供养标准制定工作的指导
资金来源	县级以上地方人民政府要将政府设立的供养服务机构运转费用、特困人员救助供养所需资金列入财政预算。 省级人民政府要优化财政支出结构，统筹安排特困人员救助供养资金。 中央财政给予适当补助，并重点向特困人员救助供养任务重、财政困难、工作成效突出的地区倾斜

（3）城市医疗救助制度

2000年，国务院发布《国务院关于印发完善城镇社会保障体系试点方案的通知》（国发〔2000〕42号），开启了对城市医疗救助制度的探索。2005年，民政部、财政部等联合发布《关于建立城市医疗救助制度试点工作的意见》（国办发〔2005〕10号），确定了试点地区、医疗救助基金、救助对象、救助标准以及救助程序等试点内容。2007年，民政部发布《关于做好城镇困难居民参加城镇基本医疗保险有关工作的通知》（民发〔2007〕156号），进一步推动中国城市医疗救助的制度化和规范化，城市医疗救助制度逐渐完善。2017年，民政部等六部门联合发布《关于进一步加强医疗救助与城乡居民大病保险有效衔接的通知》（民发〔2017〕12号），强化医疗救助与城乡居民大病保险两项制度在对象范围、支付政策、经办服务、监督管理等方面的衔接（表3-3）。

城市医疗救助制度主要内容　　　　　　表3-3

救助对象	① 最低生活保障家庭成员； ② 特困供养人员； ③ 县级以上人民政府规定的其他特殊困难人员； ④ 需要急救但身份不明或者无力支付急救费用的急重危伤病患者
救助内容	① 对救助对象参加城镇居民基本医疗保险的个人缴费部分，给予补贴； ② 对救助对象经基本医疗保险、大病保险和其他补充医疗保险支付后，个人及其家庭难以承担的符合规定的基本医疗自负费用，给予补助
救助标准	各地要根据本地经济发展水平、困难居民的经济承受能力以及基本医疗需求、财政承受能力等因素，认真分析测算，科学合理地制定对困难居民的具体补助标准。 各级财政部门要根据困难居民参加城镇居民基本医疗保险人数和补助标准，足额安排城市困难居民参加城镇居民基本医疗保险所需补助资金
资金来源	地方各级财政投入医疗救助基金；县级财政部门在社会保障基金财政专户中设立城市和农村医疗救助基金专账，办理医疗救助资金的筹集、拨付。 中央财政安排专项资金，对困难地区开展城乡医疗救助给予补助。 国家建立疾病应急救助制度，符合规定的急救费用由疾病应急救助基金支付。 各地动员和发动社会力量，通过慈善和社会捐助等，多渠道筹集资金

（4）教育救助制度

教育救助制度由中小学教育救助和高等教育救助两部分组成。1985年国家颁布《中华人民共和国义务教育法》，规定投资助学是社会主义义务教育的主要义务之一，并确定国家在义务教育中的具体职责。2008年，为了完善城乡义务教育制度，国务院在《国务院关于做好免除城市义务教育阶段学生学杂费工作的通知》（国发〔2008〕25号）中进一步明确对进城务工人员随迁子女的义务教育问题，要求地方各级人民政府要将进城务工人员随迁子女义务教育纳入公共教育体系。现行高等教育救助则以助学贷款制度为主。1999年中国人民银行、教育部、财政部成立全国助学贷款部际协调小组，联合颁布《关于国家助学贷款的管理规定（试行）》，明确贷款对象、贷款期限、资金来源等内容，标志着中国助学贷款制度的建立。2004年教育部、财政部、中国人民银行、银保监会四部门联合发布《关于进一步完善国家助学贷款工作若干意见的通知》（国办发〔2004〕51号），建立了以风险补偿机制为核心的新政策、新机制，减缓了救助对象的还款压力，救助水平不断提高（表3-4）。

教育救助制度主要内容　　　　　　　　　　　表3-4

救助类型	中小学教育社会救助	高等教育救助
救助对象	义务教育阶段就学的最低生活保障家庭成员、特困供养人员。 不能入学接受义务教育的残疾儿童	在高中教育（含中等职业教育）、普通高等教育阶段就学的最低生活保障家庭成员、特困供养人员
救助措施	减免相关费用、发放助学金、给予生活补助、安排勤工助学等方式实施，保障教育救助对象基本学习、生活需求	金融机构发放国家助学贷款帮助学校中经济确实困难的学生支付在校期间的学费和日常生活费。 国家为家庭困难、学习优秀的高等学校学生发放奖学金。 为家庭经济困难的新生入学时专门开通"绿色通道"，确保其先能够顺利入学，再根据实际情况给予不同方式的补助。勤工助学，学校通过设立一些勤工助学的岗位，给予经济困难的学生一定的劳动报酬，缓解贫困学生的生活困难问题
资金来源	地方各级财政设立中小学贫困生助学金专款。个人和社会慈善团体。如海外中国教育基金会、"希望工程"、"朝霞工程"、"春蕾计划"	中央和省级财政在财政预算中拨出专项资金用于高等教育的部分奖学金、国家助学贷款筹资和部分利息的偿还。 社会团体集资、单位集体集资、个人捐赠、海内外侨胞和港澳台同胞的捐资、国际组织的捐赠以及教育基金

（5）城市住房保障制度

为解决贫困家庭的住房困难问题，中国采取了廉租住房、经济适用房、公共租赁房、棚户区改造等多种住房保障方式。

1998年国务院发布《关于进一步深化城镇住房制度改革加快住房建设的通知》（国发〔1998〕23号），首次提出廉租住房制度。1999年建设部制定《城镇廉租住房管理办法》（建设部令第70号），明确廉租住房保障对象、方式、资金来源等主要内容。2007年建设部发布《廉租住房保障办法》（建设部令第162号），在原有内容基础上，从各方面加强了政策的力度，更加明确了廉租住房政策中的诸多细节问题。

经济适用房是国家为解决中低收入家庭住房问题而修建的普通住房，是具有社会保障性质的商品住宅，具有经济性和适用性的特点。1994年建设部、国务院住房制度改革领导小组等联合制定《城镇经济适用住房建设管理办法》（建房〔1994〕761号），标志着经济适用房制度的建立。2007年建设部、国土资源部等联合制定《经济适用住房管理办法》（建住房〔2007〕258号），进一步规范和完善了对经济适用住房的管理。

由于廉租住房和经济适用房的保障对象范围较窄、条件限制较多，出现许多应保未保现象。2010年住房城乡建设部发布《关于加速发展公共租赁住房的指导意见》（建保〔2010〕87号），确立公共租赁房在中国住房保障体系中的地位。随后，2013年，由住房和城乡建设部、财政部、国家发展和改革委员会联合发布《关于公共租赁住房和廉租住房并轨运行的通知》（住房和城乡建设部令第178号），规定从2014年起各地公共租赁住房和廉租住房并轨运行，并轨后统称为公共租赁住房。

从2009年开始，中国开始重视棚户区治理问题，对中国国内煤炭采空区、林场、农垦及华侨农场中棚户区展开大规模改造。2012年住房和城乡建设部等7部门联合发布《关于加快推进棚户区（危旧房）改造的通知》（建保〔2012〕190号），要求"力争在'十二五'末期，基本完成全国范围内的成片棚户区改造"。为进一步加大棚户区改造力度，使更多困难群众住房条件早日得到改善，国务院先后制定《国务院关于加快棚户区改造工作的意见》（国发〔2013〕25号）、《国务院办公厅关于进一步加强棚户区改造工作的通知》（国办发〔2014〕36号）、《国务院关于进一步做好城镇棚户区和城乡危房改造及配套基础设施建设有关工作的意见》（国发〔2015〕37号）等相关制度，以力争到2020年基本完成现有城镇棚户区、城中村和危房改造（表3-5）。

城市住房保障制度具体内容　　　　　表3-5

救助方式	廉租住房	公共租赁住房	经济适用房	棚户区改造
救助对象	城市低收入住房困难家庭	城市中低收入住房困难家庭；有条件的地区，也可将新就业职工和有稳定职业并在城市居住一定年限的外来务工人员纳入供应范围	具有当地城镇户口；家庭收入符合市、县人民政府规定的低收入家庭收入标准；无房或现住房面积低于市、县人民政府规定的住房困难标准	各类棚户区居民
救助标准	市、县人民政府根据当地政府财政预算、经济发展水平以及居民住房水平的实际情况合理地制定住房保障标准，但原则上单套的建筑面积应当控制在50平方米以内	公共租赁房的保障标准主要由市、县人民政府根据各地经济发展水平、居民收入和住房等实际情况来确定。公共租赁住房的建设标准应根据人口结构、使用功能、家庭需求等因素合理确定房型比例和结构，主要以成套小户型住宅或集体宿舍为主，住宅面积用控制在40平方米、50平方米左右	地政府根据当地财政预算、经济水平、人民生活水平等实际情况，合理确定经济适用房建设规划的标准和各种户型的比例，但总的原则是面积、房型、功能等应保持在中间档次，单套的建筑面积控制在60平方米左右	棚户区改造安置住房实行原地和异地建设相结合，以原地安置为主，优先考虑就近安置；异地安置的，要充分考虑居民就业、就医、就学、出行等需要，在土地利用总体规划和城市总体规划确定的建设用地范围内，安排在交通便利、配套设施齐全地段
资金来源	以财政预算拨款为主，多种渠道共同筹措的方式，包括住房公积金的增值收益；政府建设廉租住房的土地收益及其他收入；社会各界的捐赠及其他资金渠道	公共租赁住房通过新建、改建、收购、长期租赁等多种方式筹集，可以由政府投资，也可以由政府提供政策支持、社会力量投资。政府投资的公共租赁住房维修养护费用主要通过公共租赁住房租金收入以及配套商业服务设施租金收入解决，不足部分由财政预算安排解决；社会力量投资建设的公共租赁住房维修养护费用由所有权人及其委托的运营单位承担	根据国家土地整体规划和城市整体规划的要求，对经济适用房的建设用地进行行政划拨。国家通过出台相关政策对经济适用房的建设费用给予优惠。市、县人民政府直接组织建设	中央、省、市、县各级政府财政资金。各银行业金融机构信贷支持。民间资本通过直接投资、间接投资、参股、委托代建等多种方式参与棚户区改造。符合规定的地方政府融资平台公司、承担棚户区改造项目的企业发行企业债券或中期票据

（6）就业促进

就业救助是指国家对最低生活保障家庭中有劳动能力并处于失业状态的成员，通过贷款贴息、社会保险补贴、岗位补贴、培训补贴、费用减免、公益性岗位安置等办法，给予的救助措施。

2002年国务院发布《国务院办公厅关于下岗失业人员从事个体经营有关收费优惠政策的通知》（国办发〔2002〕57号），规定对个体经营实施收费优惠。同年，劳动和社会保障部制定《关于贯彻落实中共中央国务院关于进一步做好下岗失业人员再就业工作的通知若干问题的意见》（劳社部发〔2002〕20号），规定为失业人员提供经营场地。2005年国务院发布《国务院关于进一步加强就业再就业工作的通知》（国发〔2005〕36号），规定对个体经营实施税收优惠。2008年中国人民银行发布《关于进一步改进小额担保贷款管理 积极推动创业促进就业的通知》（银发〔2008〕238号），规定对符合规定的失业人员提供小额担保贷款。2010年国家发展改革委、人力资源和社会保障部等部门发布《关于进一步实施特别职业培训计划的通知》（人社部发〔2010〕13号），明确对失业人员进行劳动技能和经营管理能力再就业培训。2015年《中华人民共和国就业促进法》修正，进一步加强了对就业困难人员和零就业人员的就业救助（表3-6）。

就业救助制度主要内容　　　　　　　　　　　　　表3-6

救助对象	最低生活保障家庭中有劳动能力并处于失业状态的成员。 就业困难人员：因身体状况、技能水平、家庭因素、失去土地等原因难以实现就业，以及连续失业一定时间仍未能实现就业的居民。 零就业家庭：法定劳动年龄内的家庭成员均处于失业状态的城市居民家庭
救助措施	贷款贴息；社会保险补贴；岗位补贴；培训补贴；费用减免；公益性岗位安置
救助管理	最低生活保障家庭有劳动能力的成员均处于失业状态的，县级以上地方人民政府应当采取有针对性的措施，确保该家庭至少有一人就业。 最低生活保障家庭中有劳动能力但未就业的成员，应当接受人力资源社会保障等有关部门介绍的工作；无正当理由，连续3次拒绝接受介绍的与其健康状况、劳动能力等相适应的工作的，县级人民政府民政部门应当决定减发或者停发其本人的最低生活保障金

（7）城市流浪乞讨人员救助制度

2003年国务院制定《城市生活无着的流浪乞讨人员救助管理办法》（国务院令第381号）（以下简称《救助管理办法》），废除《城市流浪乞讨人员收容遣送办法》，标志着治理理念由不合理的、强制性的收容遣送转变为以保障流浪乞讨人员权益为核心的救助。《救助管理办法》及随后民政部制定的《城市生活无着的流浪乞讨人员救助管理办法实施细则》（民政部令第24号）（以下简称《实施细则》），明确规定了救助范围、救助机构、救助措施、救助管理以及受助人员的权利和义务，实现了中国对于城市流浪乞讨人员的救助由强制到自愿、由管制到救助的一系列的变革和发展，体现了政府对城市流浪乞讨人员救助工作的进步性（李静，2011）。自《救助管理办法》和《实施细则》颁布以来，中国对于城市流浪乞讨人员的救助管理工作稳步发展，多个省份和地区先后对救助管理工作出台了一些具体的配套政策与规定，中国城市减贫体系逐渐完善（表3-7）。

城市流浪乞讨人员救助主要内容 表 3-7

救助对象	由于自身无法解决食宿问题,没有可投靠的亲友,也不属于城市低保与五保供养保障范围,而正在城市流浪乞讨的人员
救助内容	提供符合食品卫生要求的食物; 提供符合基本条件的住处; 对在站内突发急病的,及时送医院救治; 帮助与其亲属或者所在单位联系; 对没有交通费返回其住所地或者所在单位的,提供乘车凭证
救助机构	县级以上人民政府应根据相关规定及实际需要设立救助站。 公安机关和其他有关行政机关的工作人员在执行公务时发现流浪、乞讨人员的,应当告知其向救助管理机构求助

面对已持续一年多的新型冠状病毒肺炎,全世界经济停摆且社会脆弱性陡升。世界银行东亚与太平洋地区副行长维多利亚·克瓦表示,"新冠肺炎疫情不仅对贫困人口打击最大,还造就了一批'新穷人'。"《东亚与太平洋地区经济半年报:从遏制疫情走向复苏》甚至预计东亚与太平洋地区"将出现 20 年来首次贫困率上升,预计多达 3800 万人将继续陷于贫困或返贫"。面对当前和未来严峻的贫困问题,农村绝对贫困问题已全面改善的中国,城市贫困或将成为执政党和政府施政的重点领域。

对于城市贫困,世界各国政府经历了认知变迁。由于产业结构变迁,无论短期经济体扩张或萎缩,人类城市化进程是不可逆的;由于城市化不断发展,低收入人口越来越多地集中于城市之中;而随着城市经济发展以及社会保障制度不断健全,城市贫困的定义也在持续变化,城市贫困治理的施策重点也随之改变。可以说,目前对于城市贫困的理解和治理政策设计,已从聚焦于"绝对贫困""非结构性贫困"发展至"相对贫困"与"结构性贫困"并重,即在保障基本生存问题的基础上更关注深层次的贫困原因以及整体社会公平公正,在关注贫困群体货币性收入的基础上扩展至关注多层次不平等因素与结构性贫困原因(表 3-8)。本书将在此认知背景下,对中国城市贫困问题进行展开探讨。

城市贫困具体意义和治理对策的扩展变迁 表 3-8

分类	"绝对贫困"	"相对贫困"	"非结构性贫困"	"结构性贫困"
基本定义	收入低、营养不良、健康水平低、缺乏教育等"人"的基本需求无法得到满足的极限生活状态	即使衣食住行等基本需求足够满足,但依然无法过上"人"的需求得到满足的生活状态	并非结构因素引起的贫困,而是由于个体禀赋与经济社会适应性原因导致的某方面或全面的贫困。更多关注于货币收入方面	在经济、社会和政治等多个结构当中都处于弱势地位,因这种弱势的结构位置导致其很难参与和分享当前扶贫项目和资源。是一种制度或社会政策失调引发的贫困

续表

治理理念	生存保障	愿景供给	要素支持	制度变迁
施策重点	城市基本社会保障制度；偏向于绝对贫困人口的福利政策	激励内生动力的相关政策；促进群体间、阶层间流动的相关政策	针对家庭或个体的社会保障制度；偏向于提升个体致富能力、降低危机时脆弱性的政策设计	打破群体间隔断的政策措施；推进造成城市贫困的制度性因素变革

3.2 中国城市贫困的现状、特征与问题

3.2.1 现状

划定城市贫困线是认识城市贫困现状的前提。目前存在多种城市贫困的定义，可从这些不同城市贫困定义来了解中国城市贫困的现状。本书主要以城市低保线（现有制度参考）、世界银行绝对贫困线与社会贫困线（关注家庭支出）、城市等价可支配收入的 50% 的标准（关注家庭收入）来进行对比考察。

（1）以城市低保人口数作为参照

21 世纪以来，中国城市低保人口人数自 2009 年 2345 万人的高点逐年降低，城市低保人口占城镇人口比重自 2003 年高点以来也逐年下降，至 2019 年已降至 0.01%（图 3-3）。截至 2020 年 8 月，中国城市低保对象降至 498.9 万户 823.7 万人[①]。以城市低保线作为城市贫困线来看，中国城市贫困人数逐年降低，贫困发生率也在逐年降低。不过，从低保水平与贫困家庭支出对比来看，城市低保仅能保障贫困家庭部分支出，提高低保水平应该是未来必然趋势，因此以低保线作为判断城市贫困问题的标准略显"乐观"。

（2）以世界银行贫困标准为参照

世界银行的贫困标准分为"绝对贫困线"和"社会贫困线"两种。"绝对贫困线"以 1.92 美元的日均消费标准线来测定，即年人均消费支出在 4690 元以下的人口为贫困人口。从 2020 年第二季度全国各省市自治区城市低保标准来看，低保户每月低保收入最低为新疆的 490.8 元，换算为全年则为 5889.6 元，远超世界银行贫困线。也就是说，世界银行标准适于测定绝对贫困标准，对于城市贫困整体状况测定显得过低，若以此标准计算中国城市贫困人口，则几乎

---

① 数据来源：http://www.mca.gov.cn/article/sj/tjyb/sjsj/2020/2020092500802.html。

不存在城市贫困。一方面可见中国贫困治理的显著成就，另一方面也可见中国城市贫困必须以更高水平的标准来测度"相对贫困"，同时应关注"结构性贫困"问题。"社会贫困线"是指以 6.9 美元的日均消费标准线来测定，即年人均消费支出在 16636 元以下的人口为贫困人口。若以此标准来计算，则目前中国所有省、市、自治区的城市低保标准均低于此标准，因而低保线是无法完全测度城市贫困的。

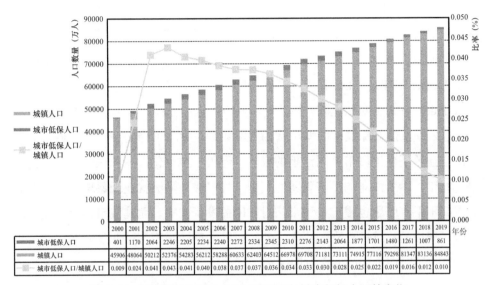

图 3-3　新世纪 20 年来中国城镇居民与城市低保人口数变化
数据来源：国家统计局

由于数据不可得，本书假设中国人均消费支出分布与人均收入分布呈正相关，分布趋势基本一致，因此，可以由人均年收入分布测得人均年消费支出分布的大致情况。若以 2019 年数据来看，人均年消费支出 2.2 万元，人均年可支配收入 3.1 万元，人均支出与可支配收入的比率为 70.1%。以"社会贫困线"来计算，人均月消费支出在 1386 元以下的为贫困人口，则人均月收入应以 1977 元为贫困线，但以"社会贫困线"为标准的贫困人口测算又过高。

（3）以城市等价可支配收入中位数的 50% 标准为参照

2019 年城镇可支配收入中位数为 39244 元，由于统计数据不可得，暂以城镇可支配收入中位数（而非平均数 42359 元）和全国家庭户规模的中位数位于"三人户"来估算，计算城镇等价可支配收入约为 22658 元，50% 即为 11329 元。也就是说，年收入达不到 11329 元、月收入达不到 944 元的人口为"相对贫困"人口。以此估算，944 元排在 2020 年第二季度各省份城市低保水平的第四高位，在上海、北京、天津之后，因此全国大概 18% 左右城镇人口达不到此线，即1.5亿人左右被划为贫困人口，高于低保人口数。这对于确定一个基本的全国城市贫困线是有参考价值的。

综合上述，几个测定中国城市贫困总体状况的指标来看，在中国当前经济社会发展阶段，中国城市贫困治理首先还是应当以城市低保线为基本参照，以世界银行的"绝对贫困线"标准为最低"红线"，以"社会贫困线"为"上线"，进一步在各城市统计数据细致、可得基础上以城市等价可支配收入中位数的50%为标准，测定城市各异的相对贫困人口规模。同时，由于地域差异过大，以城市等价可支配收入中位数的50%标准，需要在严格依照计算公式进行数据统计的同时，考虑到生活成本地域差异问题，即与消费者物价指数（Consumer Price Index，CPI）、GDP平减指数（GDP Deflator）和生产者物价指数（Producer Price Index，PPI）对照比较，以进一步确定地区差异性的城市贫困线。

总之，虽然低保线下的城市贫困人群数量呈常年下降趋势，其他城市贫困标准也显示了中国城市贫困治理的成效，但由于城市化发展和城市产业结构调整，城市居民所面对的经济脆弱性问题更加严峻，灵活就业现象增加、生活成本居高不下等问题也影响了城市相对贫困的发生概率。尤其城市社会韧性不足影响了居民的持续性可支配收入，如新冠肺炎疫情等不可预期危机造成的失业也会在一段时期内加剧城市贫困问题。

3.2.2 特征

目前中国城市贫困主要表现为三个"突出"：

一是支出型贫困问题突出。考验城市家庭面对高额支出项目时的经济韧性，支出型贫困特质表现为难以支付必要的教育、医疗、养老、住房等高额支出的脆弱性。另外，传统产业工人分流与城市灵活性就业比例的增加，虽然被视为城市经济结构的现代化调整标志，但就业状态较传统城市产业就业凸显强不稳定性，产业工人下岗致贫、老龄贫困问题突出，城市居民就业收入的脆弱性陡升，与涉及住房等刚需型家庭债务风险共同影响经济韧性。2007年至今，中国城镇失业人口数一直保持在高位，中国家庭债务也呈稳步上升状态，截至2020年9月，中国总体家庭债务达到历史新高的90216.871亿美元（图3-4、图3-5）。

二是城市流动人口贫困问题突出。2019年农村进城务工人员超过1.7亿人，而随着消化大量农村进城务工人员的基建行业利润下滑，再就业分流压力增大，存在高致贫率的可能。同时，居住地、工作地与户籍分离导致流动人口处于社会保障"空白区"。由于农村贫困发生率较高，减贫政策将农村进城务工的贫困群体界定为农村贫困人口，而这部分人口贫困所衍生的各种问题却在城市中发生，并对城市发展产生影响。因此，这部分流动人口贫困问题是城市贫困治理重点。

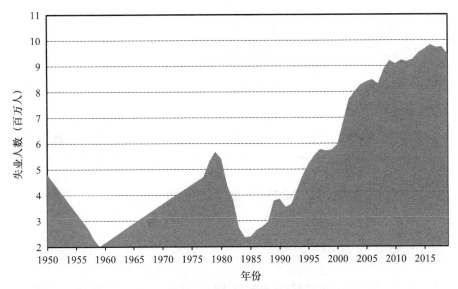

图 3-4　中国城镇登记失业人数变化
（中华人民共和国成立后至 2019 年）
数据来源：人力资源和社会保障部

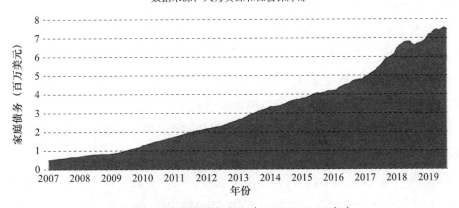

图 3-5　中国家庭债务变化（2007—2019 年）
数据来源：CEIC Data

三是城市贫富差距问题突出。从 2003—2018 年的中国基尼系数来看，始终维持在 0.4 的"警戒线"以上，2015 年至今又呈上升趋势（图 3-6）。在农村减贫取得优异成绩的情况下，基尼系数数据变化一定程度反映出中国城市贫富差距依然严峻的形势。当然，考虑到中国巨大的区域差异，在巨大的地域经济差异基础上，整体基尼系数维持在 0.46~0.47 是可以接受的。

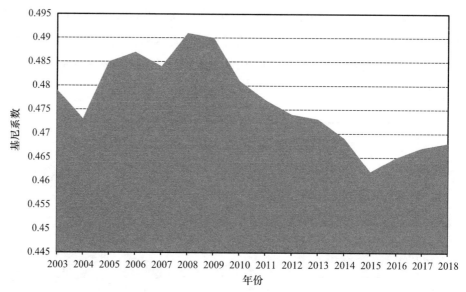

图 3-6　中国基尼系数变化（2003—2018 年）

数据来源：国家统计局

3.2.3　问题

（1）**认知困境：从农村扶贫向城市贫困治理过渡，存在对贫困认识论差异**

中国农村贫困的发生，往往是经济高速发展过程中被"甩"在最后的人群，是需要制定国家政策甚至是"超常规"政策特殊关怀的人群。因此，精准帮扶治理非常有效，而"扶智先扶志"治理也起到良好效果。城市贫困表现形式更加多样化，成因更复杂，全国城市贫困的多样性、差异性也非常巨大。因此，全国城市贫困难以划定统一标准，单纯从农村"绝对贫困"治理向城市"相对贫困"治理转变的认识不足，难以满足政策制定参考要求。

（2）**均衡困境：不同区域城市水平差异化较大，城市"效率"与"公平"找不到均衡点**

从不平等（inequality）的多维度（收入、资产、政治权力、性别、年龄、种族和族裔等）来考察世界各国城市贫困问题可以发现，作为社会主义国家的中国，没有资本主义社会普遍存在的政治权力不平等、性别歧视或种族隔离问题，城市贫困问题主要体现在收入、资产、年龄等方面。因此，从根本上说，中国城市贫困问题是经济发展与分配公平的问题。围绕"效率"与"公平"这对矛盾体来思考，城市高经济增长与城市低不平等水平之间往往难以实现共存，尤其是在中国城市社会普遍受教育程度、人文素质方面没有达到"有能力反思人生价值"的情况下，经济社会发展依然强烈依靠对人的收入激励，同时社会责任的信念处于较低水平。从另一个角度来看，不同区域城市发展水平差异化较大，城市激励差距下的要素流动也增加了贫困治理难度。市场经济发展拉大了中国城市差距，加快了要素流动的同时，也侵蚀了部分城市的发展未来，拉高了城市贫困发生率。

（3）政策困境：分类治理、整体治理方面存在短板

中国城市贫困的分类治理尚未形成科学体系，原本分散在不同政府部门出台政策也尚未形成城市减贫合力。在现阶段城市贫困发生率情况下，城市贫困问题的重点是贫困集聚问题（城中村、违法乱建等表象）；独生子女家庭独居老人贫困问题等。目前相关分类治理的理念思路还未成熟，存在短板。另一方面，从城市贫困治理角度重新整合和思考现有部门政策，相关短板非常突出。比如，个别城市相关部门对于流动人口的治理存在政策歧视，相关部门设置公共资源"享用壁垒"，同时针对流动人口聚居区实施"清理"整治，这些政策对于贫困发生率较高的流动人口群体具有明显的歧视性特征，严重制约中国城市贫困治理。

3.2.4 成因

中国城市贫困问题成因是多元的，包括经济、社会、政策设计等方面因素。

（1）城市化进程的加速

根据联合国定义，城市化有三种推进"动力"：城市人口自然增长、移民和城市再定义（乡村的城镇化）（Department of Economic and Social Affairs, 2019）。中国从中华人民共和国成立时期的农业大国发展为工业国，乡村城镇化是城市成长的主要动因；改革开放之后，移民迁徙开始成为城市成长的重要动力。乡村城市化在推进中国城镇化的同时也使原本乡村贫困问题"内化"为城市贫困问题，这在全国新城市化区域（如村改居地区）较为常见。城市规模扩大与经济不断发展，导致城市生存成本随之上升，迁徙与"被"划为城市市民的贫困人群面对更加严峻的生存问题，"相对贫困"窘境随之出现。

（2）传统工业城市转型

传统工业城市时代已经过去，以产业单一化、雇佣大量低水平产业工人、自给自足、独立于世界等为特质的工业城市衰落，已成为城市贫困重要成因之一。"城市的优势在于竞争和交流，规模过大、自我封闭的工厂是与此相违背的"（爱德华·格莱泽，2012）。这种城市在中国的典型是东北、华北、西北、西南等资源型重工业城市，资源枯竭、产业转型导致大量失业与贫困问题的出现，加剧城市贫困问题的治理压力。

(3) 全球化不平衡发展

"广泛的全球贸易系统的发展打破了城市、本地农业和本地工业之间的传统联系，破坏了城市的平衡发展"（理查德·佛罗里达，2019）。全球化发展在带来更广泛、更专业的全球产业分工的同时，也放大了城市禀赋差异、扩大了城市间的不平等，进而提高了"弱势"城市贫困发生率。

（4）农村贫困人口迁徙

人口"阶梯状"向城市迁徙是城市化发展的基本规律。一些发达城市贫困人口众多，并非城市本身创造了贫困人口，而是由于城市所提供的机遇与前景吸引了农村贫困人口的迁入。一般而言，刚进入大城市的人口贫困发生率远高于常住人口贫困发生率。

（5）人口年龄结构变化

人口高龄化趋势是当前各国经济社会发展最棘手的问题。高龄人口占比不断增加，"婴儿潮"世代人口红利褪去，以及已不合时宜的退休制度，使城市创造财富能力大大降低。部分城市出现养老金巨额缺口，基本养老保障面临严峻的财政现状，也间接提高了高龄人群贫困发生率。

（6）城市政策设计缺陷

治理城市贫困问题的政策本身也可能创造和加剧城市贫困。比如对城市低保户的福利支援，很可能激励低保人群在贫困线以下裹足不前；而对于外来贫困人口的政策支持和公共服务，则会提高城市对贫困人群的吸引力，更多的贫困人口流入会提高城市贫困发生率。

3.3 中国城市贫困治理的对策建议

如何兼顾效率和公平，是城市贫困治理的核心问题。发展需要社会活力，社会活力的基础是多样性，而多样性既要求必要的差异化竞争，也需要防止过度的两极分化伤害远期增长。寄希望于集中力量塑造城市形象继而解决城市贫困问题的努力已被证明是徒劳的。提供公共服务以增加贫困人口的人生选择与发展机会，应成为中国城市贫困治理政策设计的核心。

3.3.1 坚持党的领导：发挥党在城市减贫中的领导、组织和示范作用

推进共同富裕事业，是中国共产党的根本性质与使命所在。后2020时代

的城市贫困治理，必须坚持党的领导，充分发挥各级党组织的作用。这不仅对于城市贫困治理起到积极作用，更是体现中国共产党立党为公、执政为民的根本宗旨，夯实执政基础的重要举措。党的领导作用，应体现在城市贫困治理方向的引领和把握上，确定核心逻辑与基本理念，整合并高效利用一切资源。充分利用好中国共产党的执政资源，包括按规定公开、高效地将各级党费直接或间接应用于城市扶贫帮困、开放基层党的各种设施资源等。党的组织作用，应体现在能够充分组织市场与社会积极参与城市贫困的治理之中，发挥好市场和社会组织中基层党组织的作用，引导形成各方责任分担机制与运作激励机制。党的示范作用，应体现在城市贫困治理中党组织、党员的先进性上。坚持从严治党，在后 2020 时代城市贫困治理的框架下锻炼党的队伍，发挥好模范带头作用。

3.3.2　整合政府资源：在设置党委领导下的城乡贫困治理沟通协调监督机构

要建立完善中央统筹、省委负责、城市政府灵活落实的城市贫困治理机制，整合政府各类资源，突出政府治理城乡贫困的主导作用。中央和国家层面，明确统筹城乡减贫的领导机构和下属专门应对城市贫困的牵头部门。地方层面成立综合治理城市贫困集聚的指导部门、协调部门，打破政府部门专业分工的隔阂，从城市贫困治理的视角设计政策。避免政策"一刀切"加剧城市贫困问题。强化现有各级扶贫办政策制定与监督权，整合民政等各部门资源。在专门机构下，设置城市精准减贫扶贫信息中心，整合信息资源与政务平台，面向城市贫困群体实现政务服务精益化。进行机构改革的同时，向区以下部门下放城市贫困治理权力，在城市扶贫部门建议下向城市贫困集聚区下派扶贫干部，集中各类资源于"面对面"服务贫困群体的基层部门。

3.3.3　准确识别贫困：针对不同城市的贫困现象进行不同成因的精准调查

在不同地区、不同城市中，城市贫困不同成因的实际比重是不同的，客观准确地识别问题成因，是城市贫困治理的前提。可以分三个类别认识贫困：一是依靠自身能力无法改变贫困情况的人群，即所谓"持久性贫困"，城市"三无"人员属于此类贫困。二是暂时因各种因素处于贫困困境中的人群，即所谓"暂时性贫困"，一般而言，下岗失业人员中的贫困人群属于此类贫困。三是贫困线上接近贫困但未来有贫困可能的人群，包括所谓"选择性贫困"，中国城市老龄群体中的低收入人群以及贫困线上"边缘人群"属此类居多。以此三类城市贫困分类为标准，进行全国城市的贫困测度，可以对不同城市不同类型贫困占比进行施策的调整。

3.3.4 动态调整标准：科学界定后 2020 时代城乡共同富裕特质与指标

近年来在农村扶贫方面形成的方法经验、资源投入方式，可在未来城市扶贫中总体借鉴。后 2020 时代，城市低收入评估指标应重新进行设计，探讨形成类似于农村扶贫工作中"两不愁三保障"指导性判断标准，从家庭收入、支出、住房、医疗等领域综合考量，设计城乡共同富裕的多元化指标体系。同时，在技术上控制由于地区巨大差异所致指标体系不统一的问题，尽量用不受地区经济差异影响的指标，如以"户住房建筑面积""户基本食物（马丁线）占支出比例"等作为测量"持久性低收入"的重点考察指标；在测定同时，设计相关指标测定"暂时性低收入"时，以"失业时长"作为重要指标；设计"边缘性低收入"则应以城市宏观经济和产业发展方面持续性为考量。

3.3.5 关注国家战略：配合区域发展、老龄化、生育等国家战略推动城乡共同富裕

推荐城乡共同富裕主要政策目标应是"持久性低收入"人群，即已经与社会脱节的人群，这涉及如人口老龄化等一些特殊的低收入现象和社会问题，关乎国家重要战略。因此，需要配合国家战略性的相关政策措施，对特殊的城市低收入现象进行专项治理，制定相互支撑而不冲突的"政策包"非常关键。如伴随着中国社会老龄化速度的加快和人均寿命的延长，高龄人群贫困成为非常特殊且影响巨大的问题，类似延长退休年龄的政策设计成为必然选择，城市低收入人均保障相关产业政策、养老体系就应在退休年龄延长的预期下予以调整配套。同时，后 2020 时代中国城乡共同富裕，恰逢"十四五"规划与 2035 远景目标的实施阶段，城市低收入人口扶助政策应围绕经济社会发展趋势，在相关部门统筹下设计中国城市贫困治理的五年规划和 2035 远景目标体系，并在未来实施中灵活调整。

3.3.6 促进经济发展：设计良好的政策体系，推进城镇化进程

中国城市间区域发展不平等、不均衡高度影响城市低收入人群，继续"做大蛋糕"是应对城市低收入人群的基础，对于经济落后地区城市尤其如此。应依据城市低收入人群存在的问题调整包括产业、财税等在内的政策设计，走高

质量发展之路,激发区域间、城市间的经济内外双循环。一方面,以产业政策设计为例。为了提供有效就业,一段时期内可以选择扩大劳动密集型产业发展,重点关注商品制造业和服务业。对于欠发达地区城市,承接发达地区的产业转移并服务于成熟市场而非在产业选择中高成本地探索试错,在保证低收入人口就业的基础上,逐渐引入和发展新兴产业链,是更为合理有效的政策选择。同时,由上层政府部门进行顶层设计,最大限度发挥城市政府积极性,为未来的产业发展储备特色资源,也是"后发城市"应对持续性城市低收入群体问题的长期战略选择。另一方面,以财税政策设计为例。2018年税收新政策改革以来,从地域差异出发调整个人收入的政策空间变小,应适时讨论提高个人所得税交税门槛和高收入范围的税率,同时探讨对相关"造血"产业进行适度减税与补贴。

3.3.7 扎实保障体系:调整社保制度,完善基本公共服务保障体系

首先,社会保障制度方面,依据城市低收入认定标准调整城市低保线,鼓励城市适度提高低保标准,投入部分资源用于低保边缘群体,提高其满意度和获得感。其次,住房保障方面,抓住"十四五"时期作为重点投资领域的"保障性安居工程"机遇,对城市"保障性安居工程"进行大规模投入,严格审批入住资格,全面考虑城市人才战略,留住扶助低收入群体的住房资源红线。再次,教育保障方面,"斩断贫困的锁链,关键是教育投资(藤田孝典,2020)"。政府应加大城市教育投入,激励社会市场投入教育培训事业,推进教育与培训事业分立,向低收入人口集中配置教育培训资源,重视城市低收入群体技能培训、提高近期脱贫致富能力的同时,强化人文教育、道德教育等方面的投入,提高低收入人群中长期机会公平的可能。最后,医疗保障方面,应讨论打破城市医疗保障的户籍制度限制,从源头阻断城市贫困的代际传递,降低"因病致贫"、"因病返贫"和"选择性贫困"的发生率,提高城市人类发展指数(HDI)水平。

3.3.8 维护社会和谐:设计减少城市贫富隔离的政策,提高城市社会包容性

城市贫困集聚不只是城市贫困的重要表象,也是贫困问题进一步扩大的原因。贫富群体相互隔离,撕裂了城市社会,降低了资源交流,加剧了"马太效应"。城市低收入人口扶助政策应致力于不断降低对低收入群体的孤立,使不同收入阶层的人群相互融合,互相提供人生机会,进而控制低收入群体的代际

转移。应当理性看待混合型社区中低收入弱势群体的生存压力和社会歧视链问题，在基本帮贫保障基础上，将一定程度的刺激视为激发致富动力的重要因素。除对于没有自生能力的"持续性低收入"问题需要政策倾斜与"超常规"治理之外，推进多阶层混居并维护社会团结，进行无差别、无歧视公共产品供给，是实现城乡共同富裕目标不断走向合理化、持续化的必然选择。

第4章 城市贫困集聚现象与国际治理经验
——以美国、日本、巴西、印度、墨西哥五国为例

柏拉图在2500年前说过,任何一座城市,不论他的规模有多小,其实都分为两个部分,一部分是穷人的城市,另一部分则是富人的城市(爱德华·格莱泽,2012)。城市贫困最为突出的现象就是贫困集聚——大量城市贫困人口居住在自建简陋房屋或房租低廉区域,形成"贫民窟"。联合国的报告指出,21世纪之初全球有10亿人居住在贫民窟中;预计2020年,全球贫民窟人口仍将有8.89亿(联合国开发计划署,2003;UN-Habitat,2011)。

城市贫困集聚直接原因是住房短缺,其背后却包含了贫困人口就业、教育、社会歧视等一系列问题,是城市多维贫困的空间体现。城市贫困集聚绝不仅仅局限于城市贫困的空间分布特征,在一定程度上来讲,城市贫困集聚现象的出现是城市贫困必然的结果。从世界范围来看,城市贫困几乎和城市产生同步,同时也形成了城市贫困集聚。城市贫困集聚问题,美国、日本等发达国家未能避免,而巴西、印度、墨西哥等多人口的发展中国家更是深受困扰。城市贫困集聚具有降低贫困人口的收入、减少就业机会、撕裂城市社会和代际传递等危害,并会进一步加剧城市贫困,治理城市贫困问题就主要体现为解决城市贫困集聚问题。

第2章提出,随着我国农村绝对贫困问题消除、城市化水平提高和城乡融合不断推进,城市相对贫困和多维贫困问题将越来越突出。农业劳动生产率提高在带动农民增收的同时释放了大批农村劳动力,有助于减缓农村绝对贫困;城市经济的发展以及户籍制度渐进松动等城乡融合推进政策,也增加了农民流入城市寻找工作的机会。据《2019年农民工监测调查报告》显示,近年来中国外出农民工人数逐年递增,到2019年总量已达到17425万人(国家统计局,2020)。但是,由于城市生活成本较高,加之城市公共服务又难以满足外来人口住房、医疗、教育等需求,其中的一部分人陷入贫困,与城市已有贫困人口一起,加重城市贫困问题。

中国城市贫困集聚问题同样严重。在1.2亿外出农民工中,曾有半数居住在5万个城中村、棚户区等城市贫困集聚地区(陶然、汪晖,2010)。随着新型城镇化和城乡融合发展,棚户区改造(简称"棚改")问题逐渐受到政府关注,党的十八大、十九大报告就推进保障性住房建设、完善住房制度提出了新要求,政策层面逐步深入"棚改"的规划、质量、配套建设、支持政策、融资机制等方面,"棚改"力度逐年加大。截至2018年底,1亿多居民"出棚进楼",住房条件得到极大改善(王海峰,2018;新华社,2019)。但是,"棚改"政策尚未从根本上解决城市贫困集聚现象,反而呈集中化趋势,尤其是在北京、上海、西安等特大城市和大城市,拥有更多的外来人口,贫困区边缘化聚集现象更为严重,流动人口异地化聚集更明显(慈勤英、张芳,2017;代兰海等,2019)。

本章旨在总结城市贫困集聚现象的成因、危害,梳理国外城市贫困集聚治理措施,从中提取中国治理城市贫困集聚问题可资借鉴的经验和政策建议。

4.1 城市贫困集聚现象的成因探析

城乡壁垒的破除加快了城乡融合的进程,以往封闭的乡村逐渐走向开放。乡村之外的资本、人员和要素涌入乡村,改变了传统乡村的社会结构。长期以来,资金、土地、人才等各种要素由农村单向地流入城市,在推动部分城市走向繁荣的同时,使得部分城市不断地走向衰退,从而加剧城市贫困。从城市贫困集聚的成因来看,主要包括经济、政治、文化、历史等因素。各国城市贫困集聚的实际情况不一,往往是多种因素交织、相互影响的结果,本书以经济、政治、文化、历史资源为例进行具体介绍。

4.1.1 经济因素

随着经济起飞、城市化发展,"贫民窟"等贫困集聚现象成为"城市病"的重要表现,这在各国经济发展过程中均有体现。伴随着城市工业发展出现的大量非农就业者,以及城市土地开发不断将外围农村"包裹"在内,是城市贫困集聚的空间结果;同时,经济体制改革、城市产业转型催生大量失去技能优势的"低水平劳动力",其原经济单位集中居住区也常常演变为城市贫困集聚区。与发达国家不同的是,发展中国家初始状态往往呈现出城市整体的"低端均衡",不会出现贫困区域与发达区域的隔离问题。

4.1.2 政治因素

城市政府对于居住空间分异的放任自流是导致贫困集聚和社会隔离加深的重要原因；同时，政府相关政策不当或副作用的产生也使贫困集聚现象趋于恶化。如美国政府的"公屋计划"，虽然为城市低收入群体解决住房问题提供了巨大帮助，但公屋的大规模集聚也进一步导致了贫困集聚，产生了"有组织的"群体隔离问题。自20世纪90年代以来，我国城市贫困集聚现象也开始凸显，其中经济体制改革、人口流动政策放开、户籍制度、公租房政策等因素均对城市贫困集聚有所影响。

4.1.3 文化因素

以文化差异为根源的种族歧视问题，是导致城市贫困集聚现象最为关键的文化因素。如美国的东北部和中西部城市中心地区集聚和隔离着被高度歧视的非裔和西班牙裔居民，且延伸出当地严重的就业歧视问题，形成对于非裔雇员"未受教育、暴力、不协作、不忠诚"等刻薄认识和地域亚文化；在日本，长期存在的被歧视部落和"贱民"问题，创生出较为密集的贫困集聚区；在印度，种姓制度的糟粕文化遗存直接造成城市不同阶层的"精神分割"，进而导致在"空间"上的进一步分割，形成了严重的贫民窟问题。

4.1.4 历史因素

关键历史节点往往改变城市发展走向，部分因素导致或加剧了城市贫困集聚现象。如日本"二战"时遭受盟国空袭，基本摧毁了主要城市原有贫困集聚区建筑，在很大程度上给城市的重生创造了条件；然而，由于战争创伤导致土地所有权混乱、流民增加、收容设施指定集中化、长期非法占用战后重建计划预留地和灾后应急住宅等"战争后遗症"，却形成了战后新的城市贫民集聚区。

4.2 城市贫困集聚现象的危害

城市贫困集聚现象所产生的问题呈多样态表现，究其引发的重大问题与社会伤害，主要有以下六方面：

4.2.1 贫困集聚区内部经济发展恶化：收入和就业机会下降

贫困集聚地区的居民在经济收入和就业方面处于非常不利的境地，集聚区内部经济与城市经济发展逐步"脱钩"，导致"低端均衡"问题且不断恶化。以美国为例，20世纪30年代初，政府为了刺激经济发展和摆脱经济危机，实施大规模的公共房屋建设，50年代间更将公屋定位为中低收入阶层的选择，因此造成中低收入阶层大规模集聚；到了70年代，经济结构转型造成失业等社会问题严重，并再次出现经济滞胀问题；在80~90年代间，经济全球化和新自由主义政策占据主流，公屋家庭的收入逐渐下降并低于中等水平（公屋家庭的收入大约为中等水平的17%）（L.J.Vale，1999；孙斌栋、刘学良，2009）。此外，由于就业岗位郊区化，中心城区的就业岗位明显减少，而集聚居住在城区中心的居民获得工作机会的概率也相应变小。如印度的"优先发展战略"使得信息服务业成为城市主导产业，但信息服务业低就业吸纳力不仅解决不了贫困问题，还使传统企业遇到生存困境，导致大量城市贫民的出现。

4.2.2 贫困集聚撕裂城市社会：社会隔离和社会歧视

欧美等国发展路径的差异使得贫困集聚的区位存在明显不同：美国在经历了显著的郊区化之后导致"内城贫困"，而欧洲国家贫困集聚地区则大多处于地价较低的城市边缘位置，贫困率高的邻里与其他邻里出现了显著的"地理隔离"（Wilson W J，1987；孙斌栋、刘学良，2009）。地理隔离加剧了社会隔离，不同社会阶层的人群缺乏联系，劣势群体处于鄙视链底端，工作机会和社会资源直线下降，与经济社会逐渐脱节。

4.2.3 贫困问题的代际传递：贫困集聚地区教育机会匮乏

集聚在城区的贫困人员教育水平普遍低下，教育生涯的"失范"与"低质"会使其在劳动力市场中居于劣势地位，就业竞争力低下（Wilson，2007）。此外，儿童教育问题突出，劣势邻里环境中生活的儿童在心理、生理层面均会存在问题并影响整个人生，社会调节能力较低，社会交往能力也受限制，心理和情绪上不稳定和压抑也将扭曲其成长（R. Homel，1989）。

4.2.4 物质贫困基础上的精神贫困：社会参与度与信任度低下

贫困集聚区域内部不仅物质生活功能障碍问题明显，精神生活也极度匮乏，进一步导致政治生活的缺失，社会信任度低下。从物质匮乏问题开始，贫困集聚区居民对于当地基础设施和公共服务，尤其是公共交通有极强的依赖，因此政府公共财政支持的不足与公共设施需求的矛盾始终存在。公共配套设施短缺，尤其是公共交通的不便加剧了社会隔离，信息闭塞加剧导致了进一步的贫困。在物质贫困的基础上，精神生活开始萎靡，公共生活低俗趋势化明显，包括政治生活在内的各种公共生活缺失，导致贫困集聚区现代社会价值观的逐渐崩坏，进一步影响社会信任度，催生更多的贫困危机与犯罪问题。

4.2.5 贫困集聚与犯罪问题伴生：社会治安环境恶化

贫困集聚地区社会底层人口的高占比，创造了明显不同的社会环境，居民群体的行为模式逐渐偏离社会正统。此外，这些地区缺乏工人阶层、城市中产阶层作为社会不公平和较差经济状况的缓冲带，同时与高素质群体的隔离，无法形成社会道德榜样作用，这些社会环境特性使得城市贫困集聚地区犯罪率较高。以美国为例，非裔美国人高度的社区贫困和竞争劣势产生了高犯罪率和其他相关社会问题。日本战后城市流民的集聚也造成了东京、大阪等城市个别区域盗窃、卖淫、抢劫、敲诈勒索等犯罪事件频发。世界银行的世界发展指标数据库（WDI）数据显示，巴西和印度分别有22%和24%的城市人口居住在贫民窟，贫民窟内居住拥挤、环境恶劣、治安混乱，严重干扰城市的社会稳定和经济发展。

4.2.6 贫困集聚区景观低陋：现代化城市规划与审美提质的障碍

无论历史文化因素还是当下政治经济因素所造成的城市贫困集聚，其在物质上呈现严重的荒废感，影响城市景观生态，使人产生不快感，违背现代文明基本的审美旨趣。这种景观低陋的审美问题同样严重影响城市魅力，影响城市营商环境和投资环境。进一步地，一旦贫困集聚区、生产生活建筑景观低陋地区固化，就会出现历史惰性，成为城市面貌更新、现代化规划的巨大障碍。

4.3 城市贫困集聚治理：典型国家分析

一般而言，各国城市贫困集聚现象均包括城市贫困问题本身及贫困居民集中居住的"城市病""贫民窟"问题。前者内涵比后者更为宏大，而后者的专项治理基本以提升居住质量、拆除贫民窟和贫困人口迁居为政策目标。

目前，我国的工业化和城市化发展取得显著成效，但不同地区之间经济发展水平和城市化水平仍存在差异性。本书选择五个国家作为案例进行讨论，分别是作为发达国家的美国、日本，作为金砖国家的巴西、印度，以及作为欠发达国家的墨西哥。美国、日本在发展过程中曾经历今天中国面临的相同发展问题；同为金砖国家的巴西、印度，发展特征与中国类似；墨西哥作为贫民窟问题最为严重的发展中国家之一，政府对于城市贫困集聚的治理经验丰富。本书通过呈现不同发展程度国家在不同发展阶段所面临的普遍治理和城市贫困集聚特定治理，为我国解决不同发展水平区域城市贫困集聚问题并在全国范围内推进城乡经济结构转型提供重要启示。基于多国家情况梳理，从国家权力部门就城市贫困集聚现象治理的四个方面——法律法规、扶助制度、具体政策、行政措施进行分析。

4.3.1 美国

美国城市贫民窟现象有其根深蒂固的历史因素。始于19世纪40年代的大规模城市化运动和经济增长，使城市出现了农民工住宅区、外来移民住宅区和非裔社区等几类贫民窟现象。

针对此类现象的整治，主要依靠政府和社区的自我治理，体现出自由资本主义国家的政策导向。19世纪末社区自发兴起社区改良运动，旨在通过改善底层社区的居民生活和社会文化水平来改造贫民窟（吴晓、吴明伟，2008）。20世纪50年代，美国政府开启一系列城市更新举措，最初集中在"贫民窟取代性清理"和"地区物质性再开发"两方面，即以整体拆除或改善升级建筑环境为手段对外来移民社区、黑人社区进行治理，但终因目标狭隘、内容单一、手段过激等因素导致成效甚微，甚至出现和激化了种族骚乱。在重新考虑了贫困人口、少数族裔的立场后，美国政府提出了包括"模范城市计划"（model cities program）在内的一揽子计划和政策，即从贫困集聚社区整体发展角度思考如何提供倾斜性政策来促进其经济社会发展，进而解决贫民窟问题。20世纪70年代，《住房和社区发展法》（HCDA）颁布，政府开始推进邻里复兴计划。在废除50年代城市更新条款的同时，开始配套政策设计以推进社区发展，培养贫民窟集中的中心城区经济社会复兴。进入20世纪80年代，随着经济走出滞涨，美国城市贫困集聚治理基本开始聚焦于更为全面战略性的反贫困问题，政府资源从人力资源培训、住房改善、环境保护、公共安全等方面投入，而不是简单地强制拆除或改建贫民窟。不过，2008年经济危机爆发之后，城市产业转型的压力不断增大,城市贫困问题和贫困集聚现象再次凸显,贫困人群自立能力在金融危机和新冠肺炎疫情中脆弱不堪。

总之,美国城市贫困集聚治理,经历了从针对贫民窟社会文化方面的扶贫,物质"表征符号"的清理与再开发,到更大视野中的城市经济"塌陷区"(一般为中心城区)的复兴努力的过程。其中,经济发展作为消除城市贫困和贫困集聚现象的根本手段已成为共识,并重点关注市场发展和创造就业岗位来应对城市贫困的发生,辅之以文化和人居环境的再造,保障更公平的人生发展机会,在改善贫困集聚区生存状况的同时,避免落入欧洲福利陷阱(表4-1)。

美国针对城市贫困集聚的相关治理措施列举　　　表4-1

	特定治理	普遍治理
法律法规	1949年《住房法案》(Housing Act of 1949);1974年《住房和社区发展法》(HCDA);1988年公共廉租房消灭毒品法案;1993年8月里根总统签署《联邦受援区和受援社区法案》等	1935年《社会保障法》;《经济机会法》;1993年《联邦受援区和受援社区法案》;《个人责任和工作机会协调法案》和《为自立而工作法案》等
扶助制度	廉价公房建设等	社会福利制度(美国社会救助计划,包括医疗救助计划(Medicaid)、补充保障收入项目(SSI)以及补充营养援助计划(SNAP)等)及其调整变迁;接受社会救助的权利与参加工作的义务结合起来的工作福利制度;人力资本培训制度等
具体政策	联邦政府住房和城市发展署负责的受援地区和社区相关政策;1966年"模范城市计划";社区"自愿式更新"的邻里复兴计划;设立社区发展基金(CDBG)和都市发展基金(UDAG);1978年的《国家城市政策报告》等	社会救助计划(联邦政府资助和管理的计划、联邦政府资助或与州政府共同资助但由州政府管理的计划、州或者地方政府资助并管理的计划);公共项目工作和就业税信贷(employment tax credit);投资税贷(investment tax credit)等
行政措施	1933年成立了公共工程署,出资购买土地,清理旧住宅,在全美36个城市中签订了51项住房工程合同;强制性拆除贫民窟;政府投入资源改善贫民窟人居环境;贫民窟拆后再开发;针对廉价公房区域的高压高强度治安措施,如"大扫荡"(the sweeps)措施*;吸引中产家庭入住廉价公房等	直接救济、以工代赈等罗斯福新政的措施;人力资源培训、住房、环境保护和公共安全等政府公共投入等

注:"大扫荡"措施包括针对廉价公房区域逐门逐户检查、一楼入口设置围栏、修缮公共设施、24小时保安执勤、来访登记制度、重置闲置住房等。
资料来源:作者整理。

4.3.2 日本

日本城市贫困集聚现象分为两类:贫困人口住宅的相对集聚以及赤贫无家可归者集聚于车站、公园等公共空间的极端现象。前者即狭义的城市贫困集聚现象，后者常被视为城市流浪人口问题，涉及流浪收容等政策本书暂不讨论。

应对城市贫困集聚现象的对策，战后一段时期日本政府和学界将相关问题视为"城市病理学"范畴，而非单纯的城市贫困问题。"城市病理学"强调根据贫困聚集的城市地理分布调查以及所引发各种社会问题的区域统计，各级自治政府针对本城市相关不同问题进行积极应对。以大阪为例，依据《住宅地区改良法》（昭和35年法律第84号），昭和38年（1963年）的《民生事业概要》明确了"贫民窟（スラム）"等相关概念，政府开始设置"贫民窟对策"和独立应对项目，针对不同成因的贫困集聚区进行专项治理。

随着日本经济腾飞、财政实力增长，各地城市"贫民窟"治理基本取得成功。1969年日本国会通过《同和对策事业特别措施法》，开启了以改善被歧视部落的生活环境和化解歧视为目的而进行的一系列事宜，将解决部落民歧视问题定为国策；对于城市贫困集聚现象的"城市病理学""社会病态"观念也出现变迁。如在大阪，至昭和50年（1975年），狭义上"贫民窟"的问题基本解决，"贫民窟"问题基本离开政策视野，也就是说，影响城市形象的破旧、非法住宅聚集等"居住福祉"问题在表象上被解决，相对贫困的集聚现象则被视为社会保障和机会均等化所应具体应对的问题。1974年《大阪环境改善地区综合实态调查报告书》中"贫民窟"这一概念基本上被"环境改善地区"概念所替代，其中提道："所谓的居住在贫民窟地区的人，其生活水平和生活环境相当低下，因此，应对贫民窟问题，目的是通过提高这些地区居民的生活水平，改善人居环境，以消除与一般其他地区的差距"。1982年，日本颁布实施了《地域改善对策特别措施法》，"同和对策"的概念为"地域改善对策"概念所替代；1987年颁布实施《关于与地域改善对策特定事业相关的国家财政上的特别措施法律》，后经几度修订，直至2002年作为同和对策事业结束。

总之，包括针对被歧视部落集聚区域治理的"同和对策"在内，日本城市贫困集聚治理措施包括：作为基本国策的讨论制定，法律体系的不断完善，精准的区域测绘与专项问题聚焦，以城市贫困集聚现象不同成因为基准的具体分类治理，依法依规拆除（烧毁）贫困集聚地区非法建筑，旨在提高人生机会平等的政府公共产品供给（包括贫困集聚地区的教育、人居环境、医疗等的专项改善措施），等等。从拆除、改善"贫民窟"的人居环境、建筑外貌等问题开始，到针对城市贫困集聚区域的社会公平、机会均等政策的广泛实施，日本的城市贫困集聚现象得到了卓有成效的治理。从这个意义上说，除了"同和对策"针对的部落民歧视问题以及为数不多的"贫民窟"，日本城市贫困集聚现象在 20 世纪 70 年代已经基本转变为较单纯的城市贫困问题，经济发展作为解决贫困的根本也变得越来越重要（表 4-2）。

日本针对城市贫困集聚的相关治理措施列举　　　表 4-2

	特定治理	普遍治理
法律法规	1969 年《同和对策事业特别措施法》；1982 年《地域改善对策特别措施法》；1987 年《关于与地域改善对策特定事业相关的国家财政上的特别措施法律》等	1929 年《救贫法》；1950 年（昭和 25 年）《生活保护法》及其后数次修正案；2013 年《生活穷困者自立支援法》；《劳动法》相关内容等
扶助制度	包括免费低额住宿所相关政策在内的生活保护的住宅扶助基准制度；应对贫困和灾害的临时住宅制度等	生活保护制度；露宿者自立支援制度；生活困穷者自立支援制度等
具体政策	围绕"城市病理学"理念的相关地域调查统计、资产调查统计；以改善相关住宿场所为目的的建筑、卫生、基础设施等标准制定等	低保生活补助；免费/低费用旅馆补贴；自立支援政策体系（包括教育、医疗、养老、残疾人等方面的政策包）等
行政措施	强制性行政拆除；政府财政支持的住房改善；清出非法占用公共房屋人口等	针对城市贫困问题，政府职责和能力内的财政、人力等资源投入；鼓励 NPO 对减贫治理的相关介入等

资料来源：作者整理。

4.3.3　巴西

20 世纪初，由于战争和奴隶制废除等历史原因，巴西城市开始出现"法维拉"（favela）（特指巴西的贫民窟，即临时搭建的简陋住房的集中地。根据巴西地理统计局的界定，贫民窟是指 50 户以上的人家住一起，房屋建筑无序、占用他人或公共土地、缺乏主要卫生等服务设施的生活区）。1940 年，巴西里约热内卢政府建设了一批"工人公园"以安置贫民窟居民，但之后证明政策失败。由于管理严格、缺少公共设施、公共交通不便、就业机会匮乏、房屋质量过差等问题，许多家庭迁入后又自行搬出并新建贫民窟。

20 世纪 50 年代开始，巴西经历了快速经济增长和大规模城市化进程，是"拉美模式"繁荣的代表。但是，过快的城市化带来经济发展的同时，也造成了贫富差距悬殊、两极极度分化、城市贫困问题十分严重。大量农民工涌入城市但薪水极低，无法在正规的房地产市场上租房或购房，因此被迫住在条件恶劣的城郊或自建的非正规住宅中，造成城市贫困的集聚现象。如巴西第二大城市里约热内卢，632 万总人口中，贫民窟居民占城市人口的 22.3%。

长期受到城市贫困问题困扰的巴西政府在反贫困方面制定和实施了多项政策措施，其中多项针对城市贫困集聚。1968 年，里约成立"都市区社会利益住房协调"机构,旨在彻底清除里约贫民窟。进入 20 世纪 70 年代,巴西经济开始腾飞,国家制定"发展级"反贫困战略,通过大规模的物质资本投资在贫困地区形成新的发展极或增长点,由此产生极化和扩散效应,以带动周边不发达地区的经济发展(朱霞梅,2010)。虽然此战略达到了促进经济发展、解决剩余劳动力就业的效果,但财富过于集中于少数富人,社会贫富差距越来越大,加剧了城市贫民窟问题。1980 年政府推出"一家一块地""互助项目"政策,提出规范贫民窟土地所有权、改善基础设施和鼓励自建房等三项原则,意味着贫民窟在一定程度上的合法化。进入 20 世纪 90 年代,巴西政府以土地改革为核心,出台了系列政策以缓解农村地区的贫困,期望缓解农村贫困的同时,减少流入城市谋生的农民以降低城市贫困和贫民窟规模。如首都里约市,政府于 1992 年出台城市总体规划,提出"贫民窟—街区"计划,旨将贫民窟融入正规城市发展计划,并且保留里约治理贫民窟的传统政策特色(亦即从局部性贫民窟的清除迁移转变为全局性的城市街区融合)。不过,由于政策对象集中于户数较小的贫民窟,政策效果有限。进入 21 世纪以来,巴西政府相继出台针对城市贫困问题的"家庭资助"计划、"零饥饿"计划、"促进就业计划和增加收入计划"、"第一次就业计划"、"家庭医疗保健计划"等措施,2009 年又开始实施专门针对贫民窟问题的"国家住房计划",计划在 15 年内为中低收入家庭提供 1200 万套保障性住房,里约市政府还配套出台"安置里约人"计划,着手治理大型贫民窟。

经历多次治理理念的转变,巴西政府对于城市集聚问题的治理方式不断更新和改变,但由于政府更迭、政策持续性不足原因,大部分项目停留在规划阶段,虽然在巴西世界杯和里约奥运会期间对大型公共设施进行了投资,但公共投入与居民尤其是贫民实际需求脱钩,城市贫困和贫困集聚的贫民窟问题依然未能有效解决(表 4-3)。

巴西针对城市贫困集聚的相关治理措施列举　　　　表 4-3

	特定治理	普遍治理
法律法规	1937 年巴西《建筑法》指出贫民窟是"城市发展的畸形",是不合法的;20 世纪 90 年代政府出台《土地所有权与收益管理条例》;1995 年颁布 BR0182 号和 BR0067 号法令以提升贫民窟和非法住宅区居民的生活条件等	1960 年颁布《社会保障法》;1970 年制定了《全国一体化规划》;1988 年新宪法涉及全国城市改革运动等内容等
扶助制度	规范产权制度;住房财政制度等	包括养老、医疗、教育、饮食、社会救助等社会保障制度;贫困者家庭生活救助制度等

续表

	特定治理	普遍治理
具体政策	1980年政府"一家一块地"互助项目；里约1992年城市总体规划："贫民窟—街区"计划；2009年"国家住房计划"；"安置里约人"计划等	国家"发展级"反贫困战略；20世纪90年代土地改革相关政策；1993年"农村贫困缓减与消除计划"；"家庭资助"计划；"零饥饿"计划；"促进就业计划和增加收入计划"；"第一次就业计划"；"家庭医疗保健计划"等
行政措施	1952年政府成立"贫民窟恢复部门"；1968年建立大里约都市区社会利益住房协调处；"工人公园"项目；局部性贫民窟的清除迁移；全局性的城市街区融合；2008年成立"警察平定组织"；2016年里约奥运会期间开通的4号线地铁在罗西尼亚贫民窟入口处设立站点等	对贫困地区大规模的物质资本投资；大规模城市公共基础建设；月收入低于50雷亚尔的赤贫家庭和月收入在50~100雷亚尔的贫困家庭，按人数不同领取每月15~95雷亚尔的现金补助；建设"大众食堂"等

资料来源：作者整理。

4.3.4 印度

印度城市化经历着爆发式发展。1950年，印度只有18%的人口居住在城市，到2013年，印度城市化水平已经上升到32%，预计到2050年将达到55%（World Bank，2013）。与此同时，印度城市贫困集聚问题也非常严重，其成因主要是城市人口快速增长带来的住房需求和稀缺的城市住房资源之间的矛盾、严重的收入不平等以及长期不合理的城市规划。结果是非正规住房扩张超出了国家控制或监管，即城市贫民窟快速蔓延。以印度最富裕的城市孟买为例，42%的城市人口居住在贫民窟，且这个数字还在上升。

随着工业现代化以及农村经济的发展，过多的农村剩余劳动力来到城市寻求工作机会，很多城市因经济繁荣吸引着全国各地移民纷纷涌入。以孟买为例，城市人口从20世纪60年代初的70万增长到2006年的1400万，而其城市住房用地增长速度远远落后于人口增长速度，从而导致城市房价日益上涨，到2007年，孟买已经成为仅次于伦敦的世界第二高房价的城市（王英，2012）。与此同时，印度又是一个两极分化和贫富悬殊现象严重的国家，一方面大部分城市劳动者的收入无法负担房价；另一方面由于印度独特的房租控制政策导致许多财产所有者（包括非常了解住房短缺问题的州政府官员）宁可将多余的公寓留空而不是出租，进一步加剧了房屋短缺。很多劳动者只能在空闲地区建造违法、廉价而毫无基本设施保障的棚屋，最终形成城市贫困集聚。此外，印度贫民窟的发展和膨胀与当时不合理的城市规划也有很大的联系。仍以孟买为例，早在1915年，孟买第一部《城市规划法案》就已经出台，但以"低人口密度和城市低速发展"为核心的设计理念就与当时的工业化发展趋势相矛盾。1954年，孟买又制定了印度独立后自主发展的新规划，根据本地需要和实际情况实行不同的城区规划方案，包含居住区、商业区和工业区等不同区域的发展定位，甚至具体到某个位置建造什么样的建筑都安排得清清楚楚，也与孟买快速城市化发展状况不符，导致规划内容无法实施。1970年，孟买都市规划委员会再次制定《孟买二十年都市规划》，该规划在贫民窟住房问题上做了描述性的数字统计，却没有提出具体解决贫民窟住房问题的政策和方法。并且在人口估计上也和实际情况出现较大偏差，导致实施规划的预算资金严重不足，规划缺陷成为困扰孟买城市发展和贫困集聚问题的最大因素之一。

进入20世纪80年代，印度政府转变思路，开始通过原地升级的方式改造贫民窟，先后实施了总理授权规划、世界银行资助的贫民窟升级工程、贫民窟重建规划、贫民窟复修计划，治理思路的转变取得了一定成效。

除针对贫民窟住房问题采取的治理措施外，印度政府为消除城市贫困制定了一系列福利政策，包括建立公共分配系统制度，以低于市场的价格向低收入贫弱阶层供应粮食等基础生活消费品；实行全民免费医疗制度；针对贫困家庭儿童实施"基础教育工程"计划，保证他们接受完整的基础教育，并实施"营养计划"为其提供午餐；1997年实施城市就业计划，包含城镇自我就业计划、城镇女性自我帮助计划、城镇贫民技能培训计划、城镇工资就业计划、城镇社区发展网络五个子计划，有效缓解城市贫困人口就业问题。

随着印度政府对贫民窟问题重视程度的提升，贫民窟治理的法规政策逐步完善，贫民窟地区的基础设施日趋改善，贫民窟居民的公共服务不断加强。但由于政府在治理过程中一直期望能"清除贫民窟"，并且经常忽视贫民窟居民的生活实际需求，政策难以达到预期目标。目前，贫民窟居民人数仍在持续增加，印度城市贫困集聚现象仍然突出，并持续影响着印度城市的现代化发展（表4-4）。

印度针对城市贫困集聚的相关治理措施列举 表4-4

	特定治理	普遍治理
法律法规	1915年孟买第一部《城市规划法案》；1954年孟买城市法案；1967年，马邦地区《城市规划法案》；1971年《马斯特拉邦贫民窟地区法案》；1975年《马邦空白法案》；1976年的《城市土地最高限额与管理法》等	1947年的《孟买房租法案》；"十一五"规划将包容性增长作为扶贫、减贫的基本思想等
扶助制度	包括多种贫民窟升级重修政策的贫民窟升级工程管理制度；贫民窟重建融资制度；贫民窟纠纷法律援助制度以及临时安置制度等	公共分配系统制度；全民免费医疗制度等

续表

	特定治理	普遍治理
具体政策	1972年《都市贫民窟环境改善计划》；1985年总理授权规划；1985年贫民窟升级工程；1995年贫民窟复修计划；1988年"全球住房战略"；1989年实施"孟买都市交通工程"；国家住房政策；2005年尼赫鲁全国城市复兴计划等	国家乡村就业计划；"基础教育工程"计划；1997年城市就业计划；"基础教育工程"计划；"营养计划"等
行政措施	1969年孟买市政府成立了住房委员会、孟买建筑抢修委员会；1974年马邦政府成立贫民窟改善委员会，配合中央政府改善计划的实施；强制性行政拆除；重新铺设水管和排污系统；为贫民窟居住者提供拥有30年租住权的法律认证；与贫民窟相关的非政府组织和社区组织合作，如区域资源中心组织、国家贫民窟定居者同盟、贫民窟复修社团、青年志愿者联合会等	政府监督和指导下，由国家给予财政补贴收购物品，以低于市场的价格向低收入贫弱阶层供应粮食、食用油等基本生活消费品；健全了包括保健站、初级保健中心和社区保健中心三部分的医疗网络等

资料来源：作者整理。

4.3.5 墨西哥

墨西哥的城市贫困集聚问题同样严重。1940年以来，由于墨西哥政府大力推动工业化和城市化发展，制定多项工业集中化和城市集中化的政策，导致大量农村劳动力涌入城市，逐渐形成了墨西哥城、瓜达拉哈拉、蒙特雷等几个特大城市中心。然而，墨西哥政府没有意识到大量农村人口进入城市会带来城市贫困问题，而是将农村向城市的移民过程看作是缓解农村社会冲突的途径，对自发的移民潮不加调控。以墨西哥最大的城市墨西哥城为例，1950—1980年的30年间，人口由不足300万增加到1500万。但实际上无论是城市化发展带来的新职位数量还是城市公共服务设施建设速度都远远不能满足流动人口的生存基本需求，尤其是住房需求。同时，由于墨西哥城市化发展过程中土地使用权不明确，土地被随意占领或者搭建住房，如20世纪四五十年代，墨西哥政府实施重修市中心计划，将城市中心社区的中上阶层居民迁出。而遗留下来的社区便迅速成为穷人或流动人口的栖身之所，之后逐渐形成中心区贫民窟。社区中医疗、教育等服务设施的短缺以及城市规划和管理工作的滞后又进一步加剧贫民窟问题的恶性发展（李凤梅，2014）。如今在墨西哥城中，有超过60%的人居民居住在"贫民窟""烂尾楼""危楼"等"非正规住宅区"。城市贫困集聚问题严重阻碍城市发展的同时也导致社会矛盾加剧。1971年，内萨瓦尔科约特尔爆发民众"起义"事件后，墨西哥政府不得不面对其长期忽视的、与贫民聚集区相关的城市贫困集聚问题。

政府通过加强法规建设，积极干预贫民窟的蔓延态势，贫民聚集区的住房条件有一定改善，社会冲突得到了缓解。但是，由于当时政府干预的目的主要是"维持社会控制"，因此并没有真正完善土地产权制度。20世纪80年代，墨西哥政府意识到，贫民窟"不是边缘人或少数人的问题"，而是城市住房生产的主要组成部分，随即开始了对贫民窟的改善运动。萨利纳斯总统任职期间（1988—1994），实施全国团结互助（Programa Nacionalde Solidaridad，PRONASOL）贫困计划，计划内容十分广泛，其中一项是改善贫困人口的住房条件，被称为"政府减贫战略的基石"。

进入21世纪以来，墨西哥政府继续致力于扶贫减贫工作，积极关注贫民窟问题，减少贫困和不平等程度。通过实施"机遇"计划、"卫生"计划、"社会保障和保护"计划等，提升贫困人口的发展能力并改善其生活条件。据统计，1990—2007年，墨西哥贫民窟人口比例逐渐降低，1990年为23.1%，2000年为19.9%，2007年为14.4%，贫民区增长率基本控制在0.5%。这说明墨西哥城市贫困集聚治理取得了积极成效（表4-5）。

墨西哥针对城市贫困集聚的相关治理措施列举　　　　表4-5

	特定治理	普遍治理
法律法规	1976年通过《人居法案》；墨西哥《宪法》第115条的修正赋予市政府在满足住房需求方面具有更大自主权等	1917年宪法第3条规定，所有墨西哥人享有受教育的社会权利，推行11年义务教育等
扶助制度	财产规范化和新地籍制度；城市和区域规划制度；包括购房补贴和抵押信贷的住房补贴制度；震后住房更新制度等	包括贫困人口的卫生、食品、教育等一系列问题的社会福利制度；工人社会保障制度等
具体政策	1976年"全国城市发展计划"；1980年推行"联邦区城市发展计划"；1989年全国团结互助计划；2007年"你的房子"计划等	"城市和农村福利计划"；1977年推行"菜篮子"计划；1997年"食品、卫生和教育计划"等
行政措施	1974年成立"土地保有权规范委员会"；启动征用和赔偿程序，起草和发行新产权契约，事实上承认"定居者"对土地的占用；配置基础公共设置；强制拆除到后来逐步改造贫民窟生活条件；部分贫民窟合法化等	1943年创立"墨西哥社会保障研究所"；为贫困家庭提供现金，投资于贫困家庭子女的教育等

资料来源：作者整理。

4.4　各国城市贫困集聚治理的经验与教训

各国在对待城市贫困问题和应对城市贫困集聚现象中存在共性，如在政府责任与市场责任的边界方面，均趋向于强调"自立"与"自助"，即于城市贫困集聚现象基本依托于城市市场经济的发展和就业的创造；在中央与地方政府责任边界方面，趋向于向地方城市放权进行贫困集聚的自主治理，同时中央政府提供低水平、广覆盖的社会保障支持；在政策导向方面，从针对作为"城市病"的贫困集聚区域"样态""物质"层面的拆除与再造，到以更深刻的社会规划、社会运动、社会变革视角看待和治理城市贫困集聚现象，也体现了世界各国对此问题由现象到本质的认识进步。

从各国城市贫困集聚治理的概况来看，历史地看待治理过程与效果，可以得出以下经验教训。

4.4.1 经验

首先，城市贫困集聚的治理存在阶段性规律，面对不同的经济社会发展阶段，后期看似存在问题的政策设计，在当时已是最佳选择。国际各国对于城市贫困集聚的治理，都经历了从"物理"消除和改善到贫困相关问题整体应对的过程。单纯"物理"消除和改善已经被证明不利于问题的解决，整个变迁过程可以缩短或"跳跃"，但强调在比较收益与成本基础上政府政策调整的适应力是重要经验之一。

其次，区域经济发展、贫困问题的改善，是治理城市贫困集聚的根本。目前国际各国对于城市贫困集聚的治理政策，均已"回归"到城市经济发展、消除贫困的根本上来。当前国际治理趋势之一是，对于城市贫困集聚地区的人群，政策设计更加注重为其提供参与市场竞争所必要的能力，而非过分关注其居住地集中。即关注"流动"而非关注"固定"，从扶助低收入人口改善经济发展的根本来逐渐消除贫困集聚及城市贫困问题。

再次，以城市兴衰的大历史观认知贫困与城市贫困集聚。城市兴衰是经济社会发展必然规律，人为政策控制城市衰落往往代价巨大。城市兴起有内在规律因素，因此单纯以经济发展为指标判断城市的存在意义往往会陷入"兴衰生命周期"中。在城市兴衰规律下的城市贫困集聚现象，政策努力不在于扭转趋势、控制变迁速度，而应在于帮助贫困人口生计的具体问题。目前国际治理城市贫困集聚的基本要点也在于"帮助贫困人口"而非"帮助贫困地区"，从对城市贫困集聚地区的具体改造转向对于贫困个体的公平扶助，是当前认知下政策适应性、合理性的具体体现。

最后，城市贫困集聚的类型不同，政策设计应有所调整，切忌"一刀切"。不同的城市贫困集聚因素决定了其各种类型，而多种因素混合所致的贫困集聚，需要准确识别"主要矛盾"。比如，对于经济因素所致"违法乱建"性质的贫困集聚社区，实施行政强制性拆迁是政策底线；对于历史因素和经济因素所致老旧城区衰败、落后产业工人贫困集聚等问题，则应优先考虑保障性政策设计，在维持区域现状和完整度的同时，保障贫困个体的基本生产生活水平，即生计问题。

4.4.2 教训

首先，对于"贫困"的认知局限于收入指标，忽视了社会公平的核心价值。基于货币化的收入标准来界定城市贫困群体，具有政策的可操作意义，但在现实中的"一刀切"易于引发更深层次的"公平公正"等社会核心价值问题，对于社会安定与长远发展"得不偿失"。城市贫困集聚地区收入指标的达成仅仅是社会安定有序的一个方面，机会公平方面的中长期政策设计更为关键。而以社会安定为代价，在经济意义上求得贫困的改善，应是政策制定过程中需要权衡的重点。

其次，城市贫困集聚的强制性物理清除往往撕裂社会，居住面貌的改善也是治标不治本。直接帮助低收入人口比施策于贫困集聚区域更为合理。比如老旧城区衰败虽在经济意义上价值式微，但往往随着时间推移，其历史文化价值也相应厚积，单纯视此种贫困集聚为"物理"改造或清除对象，往往达不到社会公正的同时，却是对真正的价值"暴殄天物"。

再次，推进多收入阶层混居的政策助推效果不宜过分期待。政策外力鼓励社区阶层多样化的努力往往事倍功半。科学的政策逻辑是：消除城市贫困有益于多收入阶层混居和多样化社区发展，而反向逻辑则是不存在的。因此，应对城市贫困集聚的政策试错基本可以排除多收入阶层混居设计；相反，应当在鼓励贫困集聚社区摆脱贫困、提高社区吸引力方面进行政策设计。

最后，应对城市贫困和贫困集聚政策的延续性是政府治理成败的落脚点。对于城市减贫、城市贫困集聚治理等远期见效的公共事务，短视的、短期的政策设计难以达到成效。在综合考量社会成本与收益后的政策设计，关键在于运行中的持续控制。政策是否延续与城市财政能力、公共资源储备量、政府等因素紧密相关，在这方面，政治环境欠缺稳定性的西方民主国家往往表现不佳。因此，从政治上进行领导与整体性控制是城市贫困集聚治理的重要保障。

4.5 我国城市贫困集聚治理的政策建议

4.5.1 创新顶层设计，统筹协调城市贫困集聚治理工作

全面总结国务院扶贫开发领导小组及其办公室在脱贫攻坚战中探索出来的农村和县改区以来的扶贫脱贫创新性体制机制，整合目前分散的城市减贫和农村减贫政策，从而担负起统筹全国城乡减贫工作，开启后 2020 时代进一步提高中国城乡发展的整体性、系统性、协同性。具体地，改革国务院扶贫开发领导小组办现有职能，强化现有各级扶贫办政策制定与监督权，整合民政、教育、社保、住建等各部门资源，作为综合治理城市贫困及城乡贫困集聚问题的指导部门、协调部门。在此基础上，可以全面借鉴精准扶贫政策中的科学理念和政策经验，并结合社区治理网格化、政务服务精益化等经验，向区、街道直至社区尤其向城市贫困集聚区下派扶贫干部，面向城市贫困群体分类制定实施城市低收入人口扶助精准政策。

4.5.2 客观认识问题，分类制定城市贫困集聚治理对策

不同因素混合影响所导致的城市贫困集聚需要清晰的认识，对城市贫困集聚现象的治理策略应进行分类设计，针对不同因素需要不同的治理方案。① 经济因素需要均衡控制，识别不同经济因素造成贫困集聚的城市个案，如资源型城市产业转型中贫困集聚现象，在推进经济发展产业转型的同时，克服两极分化加剧，控制贫困集聚的发生。② 政治因素需要及时避免，政治决策要有选择集和政策包设计，突出前瞻性和全局性考量，分别考虑政策优势和副作用，尤其要重点考虑各项政策对城市贫困集聚现象的潜在影响。③ 文化因素需要历时纠偏，设计整合城市文化，尤其应树立与市场经济配套的职业间平等、群体间平等、地域间平等、受教育经历间平等的基于基本人格尊重的社会平等意识，通过长时期努力改变造成城市贫困集聚的社会文化成分。④ 历史因素需要积极应对，任何造成当前城市贫困集聚现象的不可逆转的历史因素均应该专项治理，控制问题进一步扩散发展，并在为未来政策设计和选择中注意吸取教训、提供经验。

4.5.3　融合城乡政策，完善低水平、广覆盖的城市社会保障体系

针对低收入群体的社会保障体系建设是一个不断演进和完善的过程，政府短期的政策供给应当既符合长期战略性，也体现短期成本收益比。如，我国保障性住房政策在战略上不宜走城市社区大规模集中布局的道路，也不宜在城市边缘地带集中分布，而更适宜于采取城市产业成熟地区选址的小规模布局，辅之以多样化社区营造，促进低收入群体更好地融入城市生活。在短期政策设计上，还应充分整合城乡多种保障措施，将政府责任控制在低水平、广覆盖的城乡一体化公共产品供给范围内。此外，还建议在现有税制的渐进改革基础上，在经济发达省份试点推广城乡全民较低水平的基本收入（basic income）政策，以避开户籍、社保缴费等制度的排他性，进一步实现对城乡贫困人群同等权利的财税支持。

4.5.4　激发自生能力，坚持城市贫困治理"扶贫先扶志"原则

城市贫困与农村贫困有本质不同，尤其在人口年龄构成方面，对城市贫困的治理也很适合引入"扶贫先扶志"原则，即对人口年龄尚在青壮年时期陷入贫困的城市居民，通过"自立""自助"和就业保障来推动共同富裕。针对城市贫困集聚地区，基于"扶贫先扶志"原则，建议城市政府聚焦于改变社区文化、技能体系，整合资源覆盖贫困集聚社区以提供必要的公益岗位，在贫困集聚社区周边兴办扶贫实业吸纳贫困劳动力，出台创业优惠政策包向城市贫困集聚区域倾斜等。

4.5.5　推进社区教育，教育资源向城市贫困集聚社区倾斜

社区教育是提高贫困集聚区域居民经济自立能力、改善社区发展环境、提供正常社会价值观念的根本，在一定程度上可以抑制当前城市贫困集聚现象对城市发展的危害，也可以为贫困集聚区域的经济社会发展夯实人文基础。社区教育投入短期内难见成效，但长期会大幅降低社会治理成本。可建议各级党政宣传、教育部门以城市贫困治理的视角入手，向城市贫困集聚地区的社区教育倾斜，长期提供低成本的基本生产技能培训教育、社会交往德育教育和基础人文教育，提高城市贫困集聚社区凝聚力，改善城市低收入人口自立、自助能力和贫困社区自我更新改善能力。

4.5.6 设计治理标准，借鉴农村扶贫经验科学、量化评估贫困集聚

吸取农村减贫、贫困县"戴帽""摘帽"经验，尝试在城市贫困集聚社区设计贫困指标化治理，在给予城镇贫困低保户"建档立卡"基础上对相关集聚区域贫困区"戴帽"同时，适度给予政策倾斜，集中调配社会资源，探索城市贫困集聚社区集体经济发展的制度路径，改善城市贫困集聚区域生产生活水平，最终使城市贫困集聚现象简化为居住环境面貌落后的物理性问题。

4.5.7 建设公共设施，政府主导公共资源向城市贫困集聚区集中投放

从改变城市贫困集聚区域公共设施（重点在于公共交通等公共工程）入手，打通城乡要素之间自由流动的通道，激活城乡各类要素潜能，推动以城乡要素自由流动、平等交换为核心的开放性、竞争性和有序性为基本特征的统一要素市场的形成。由政府主导调节公共资源向城市贫困集聚区集中投放，实现对城市贫困集聚区的"二次分配"补贴。在做大城市公共资源的同时，进一步放开户籍政策限制，使公共资源可以真正向包括进城务工人员集中的贫困集聚区域倾斜，如小规模、低成本、无污染的垃圾焚烧处理站，设计市场化交易机制，由垃圾"生产区域"居民出资对垃圾"回收处理区"的贫困集聚区居民进行补贴，直接提高贫困集聚地区居民收入的同时，解决城市的公共问题。

4.5.8 重新审视价值，充分利用现有城市贫困集聚社区的隐性资源

从不同角度来审视，气质类型各异的城市贫困集聚社区依然有着尚待开发的隐性资源。除近期"违法乱建"的建筑物之外，如青年人口迁出、高龄人口集聚所致的贫困集聚社区，存在"社会减压阀"价值。若加大专项投入为社区老年人公共服务，可为整个城市其他地区的发展解除后顾之忧；由于产业转型、老城区衰败等因素所致的贫困集聚社区，在历史文化方面存在高度集中的隐性资源，也可以进行政策设计、复兴开发。

4.5.9 创新场景营造，改善城市贫困集聚区人居、营商环境

人居环境、营商环境是市场区位选择的关键因素，城市贫困集聚区域的减贫的根本，重点依然在于产业发展和就业提升。针对城市贫困集聚区域，除了拆迁、重建等高成本措施，充分利用贫困集聚区域现有建筑环境资源，采取场景营造创新，是提高居住质量与投资吸引力的有效手段。建议各地城市政府

在有计划地突出场景美学吸引力的同时，基于混居模式、多样化社区建设的政策规则，推进区域场景样式、房屋设计多样化探索，避免固化单一化、同质化的"贫民窟"形象，在提高人居、营商吸引力的同时提升多阶层居民的社区认同感。

第 5 章 城乡融合视角下后 2020 时代的城乡共同富裕

城乡融合，实质上是一种经济、社会文化等方面构筑新时代的城乡连续体。这种城乡连续体的变迁过程，在经济和社会文化两方面来看，贫困问题都是阻碍融合的首要难题。因此，推进后 2020 时代中国共同富裕事业，是城乡融合发展的根本要义。本书从城乡融合视角出发，探讨城乡低收入人口规模、发生成因与可行对策。

5.1 城乡融合与城乡共同富裕的逻辑

城市与农村是两个对立的概念，城市是城廓与商业集聚的结果，农村则是附着于土地之上的农业劳动的结果。与"农村"的概念不同，所谓城镇化发展，不仅包括城市的发展，也包括"乡镇"的概念；而乡村振兴同理，既包括农村地区的振兴，也包括乡镇地区的振兴。因此，所谓城乡融合，应是在"城市""城乡过渡带（乡镇）""农村"等概念基础上进行探讨。

5.1.1 理论逻辑

目前涉及城乡融合与共同富裕的理论，体现出的主要逻辑包括：

（1）城乡两分法还是城乡三分法？费正清曾断言，"自古以来就有两个中国：一个是农村中为数极多从事农业的农民社会，……另一方面是城市和市镇的比较流动的上层"（费正清，2000）。这是典型的城乡二分法的逻辑。李强判断，"今日中国几乎所有的社会难题都与城乡分野的二元社会密切相关"（李强，2019），而城乡过渡带的存在，使包括低收入人口保障问题在内的各种社会问题呈现出更为复杂多样化的表现形式。过渡型社区将是后 2020 时代中国城乡共同富裕的主要战场，其低收入成因的叠加性与复杂性，是城乡融合发展过程中必须跨越的"陷阱"。本书认为，针对城乡融合过程中的共同富裕，应采取城乡三分法的逻辑，即"城市 ⇔ 城乡过渡带 ⇔ 农村"的基本分析框架。

（2）城市第一性还是农村第一性？传统社会学家、经济学家认为"城市是建立在农村经济基础之上的"，但事实上很多证据指向正相反的事实："包括农业劳动在内的农村经济，乃是直接建立在城市经济和城市劳动的基础之上的"（雅各布斯，2018）。而"农业生产力的大幅度提高，往往都在城市的发展之后"（雅各布斯，2018）。"城市经济为农村创造了新的产业，由此发明和再造了农村经济"（雅各布斯，2018）。因此，农村的发展，是以城市发展为前提的，针对城乡共同富裕，根本的"底色"是城市的发展与城镇化的成熟。本书认为，城市经济是根本，是带动农村经济发展和城乡共同富裕的根本动力。应抛弃独立发展农村经济的思维，解决农村经济社会发展问题，应从城市发展的根本入手，发挥城市集聚作用，逐步扩大经济社会发展的平衡。

（3）"涓滴效应"与"阈值效应"。一方面，要素流动的前提是城乡间的差异，"城市提供了包括静态和动态的生产力优势。因此，不鼓励城镇化或者试着去逆转城镇化都是不合理的。农村的发展不能替代健康的城镇化发展"（安妮兹、巴克利，2016）。城镇化与工业发展具有"涓滴效应"，但产业发展影响的要素流动会产生围绕中心城市的层级差距，"涓滴效应"不均衡导致了更严重的城乡发展不平衡问题。另一方面，"阈值效应"的存在，使得小城镇、村镇的城市化发展无法达到预期。"阈值效应"表明存在着城市越来越大的趋势而不是保持在最优规模，因为外部规模经济使得建立新的城市很难。小的城市并未从城市规模经济中获益，……由于新的城市中心很难建立，现有的城市发展得就比它们的最优规模大，可能达到边际的这一点（维纳布尔斯，2016）。新经济中心城镇的发展事倍功半，完全依靠城镇化及其"涓滴效应"无法更有效率地实现城乡融合发展，更无法在此基础上实现共同富裕。因此，本书认为，合理有度推进乡村振兴，同时降低城镇化过程中的无效投入与浪费，探讨城乡均衡发展，是后2020时代中国推进城乡共同富裕的核心难点。

（4）城乡过渡带的关键作用。如果说城市是经济社会发展的核心，那么推动城乡融合与实现共同富裕的关键点在城乡过渡带。所谓农村的劳动，其实都是被转移到农村的城市劳动；而城市所集聚的劳动，则是由于成本因素尚无法转移至农村的高效率劳动。从区域地理角度而言，城乡过渡带发挥着沟通城市与农村的关键作用，是吸纳城市经济并向农村转移城市劳动的不可替代的环节。从经济社会发展的压力消解角度而言，"如果城市是农村缓解压力的地方，那么大量建立城市就是徒劳且无益的回应"（安妮兹、巴克利，2016）。实际情况正相反，农村是城市缓解压力的地方，更准确地说是城乡过渡带的存在，使得农村与城市的不同压力均有机会得以缓解。因此，就中国目前而言，以小城镇等为代表的城乡过渡带的发展是重点，可以接受更多的产业溢出，带动"两头"的城市与农村的发展，同时形成城镇内聚力与认同感，逐步斩断城市之间、城乡之间的"鄙视链"。

（5）经济学、社会学与政治学逻辑。从经济学角度来讲，城乡融合是以建立城乡产业链、价值链、供应链为要义。因此，推进城乡融合与共同富裕，关键在于拓宽城乡要素流动通道，实现更低成本的城乡资源交流，以产生最大的效益，做大"一次分配"与"二次分配"的"蛋糕"。从社会学角度来讲，城乡融合本身是以社会整合为要义。比如对于中国传统慈善组织的研究认为："慈善组织的功能在于整合社会，而不在于分化社会阶层，在城镇的小社区中，慈善组织更有效地达到这个目的"（梁其姿，2013）。因此，推进城乡融合与共同富裕，关键在于实现城乡多阶层融合，经济条件的拉近只是共同富裕工作的第一步，文化水平、人生认知的二元化割裂问题应有所警醒。从政治学角度来讲，对于城乡共同富裕事业投入的可持续性实际上是一个政治问题，而非经济上的精算问题。推进城乡融合与共同富裕，关键在于形成针对低收入问题的城乡间多元一体化治理结构。尤其针对后 2020 乡村振兴工作，应重点考虑"去政治性"的政策设计，充分发挥乡村厚积传统所提供的"多中心"治理系统的作用。本书认为，虽然目前对于低收入人口问题的认知是以经济收入为逻辑起点的，但针对我国传统农村地区的特质，以及东亚文化传统的制度路径，判断低收入人群不仅要以经济身份作为分层依据，更要关注社会文化身份。后 2020 时代共同富裕应从社会学的逻辑（社会文化身份）进行分层，关注经济收入标准基础上，更加重视社会资本与文化程度，关注城乡社会文化割裂问题，通过基层治理现代化实现城乡各阶层"深度融合"，同时讨论"去政治性"的持续性发展的可能。

5.1.2 实践逻辑

中国在推动城乡融合与共同富裕的工作中，体现出的实践逻辑主要包括：

（1）基于基层治理的城乡融合。城市社区治理与乡村治理现代化，是后 2020 时代实现共同富裕的基石。中国基层治理的基础在于经济发展基础上社会文化的认同与整合，"在传统的时代当中，城乡之间的关系是可以有一种往来互动的,且此种互动不论是从社会关系抑或从文化观念上而言,都必然是相互顺畅的"(赵旭东 等,2018)。因此中国城乡融合发展的方向,是依靠基层治理的力量形成新型的城乡互动关系。而新的城乡互动关系的形成,无论从经济意义还是社会文化意义,对于城乡共同富裕都具有重要意义。

(2)城镇化、乡村振兴推动经济发展与城乡共同富裕。健康的、高水平的城镇化对于乡村发展具有重要推动作用,有研究显示:"东部地区的城镇化率显著降低了贫困代际传递率;中部地区的城镇化率也降低了贫困代际传递率,但是城镇化率系数并不显著;而西部和东北地区的城镇化率并没有降低贫困代际传递率,而且东北地区的贫困代际传递率较高。"虽然低水平"攫取性"的城镇化对于乡村发展并没有显著作用,但这并不影响健康高水平的新型城镇化对共同富裕有重要推动作用的判断的合理性,尤其在教育领域,"城镇化也同样阻断了教育贫困的代际传递……即城镇化可以有效地阻断贫困代际传递"(葛林芳、吴云勇,2020)。同时,乡村振兴的推进,以市场或政治的逻辑推进乡镇和农村地区的可持续发展,实现城乡居民收入水平的"收敛"。后2020年代共同富裕的基础是统筹城镇化和乡村振兴,单独依靠城镇化不可能实现共同富裕目标,忽视城镇化并聚力乡村振兴同样会造成政策失败,"较高的增长率的城镇化减少了总体的贫困人口和城市的贫困人口"(安妮兹、巴克利,2016),"没有国家和地区主要依靠农业来维持较高的发展"(安妮兹、巴克利,2016)。"如果我们可以在农村发展工业而不是集中在城市,城镇化并不是不可避免的,但是这说起来容易做起来很难"(Lewis,1982)。

(3)后2020时代共同富裕的分类推进。基于"城市 ⇔ 城乡过渡带 ⇔ 农村"的认知逻辑,对中国社区类型进行进一步细分,从而依据不同类型社区的基本情况分类推进共同富裕。对照"城市 ⇔ 城乡过渡带 ⇔ 农村",中国社区基本可以分为"城市型社区"、"过渡型社区"和"农村型社区"三类,三类社区中又在不同的定位上存在着"城市棚户区""城中村""迁弃聚集区"等具体人口聚居形式(图5-1)。如此细化分类,针对每一种聚居形式的主要问题进行分类治理是当前主要的实践逻辑。

(4)基本公共服务均等化与区域协同发展。城乡差异、区域差异是中国经济社会发展的现状。在推进城乡融合和共同富裕的同时,要在区域协同发展的框架下进行思考。一方面,目前中国政府重点职能之一,是推进不同区域间基本公共服务的均等化,这是跨越区域差异性并追求合理同质化的努力;另一方面,区域差异巨大导致不可能以国家统一标准进行低收入人群划定,包括城乡低保线在内的各项指标线均应以地方差异为基础进行设计。因此,本书认为,后 2020 时代城乡融合视角下的共同富裕工作,应当以区域差异为"底色",讨论政府的责任边界,努力实现区域内城乡基本公共服务均等化。

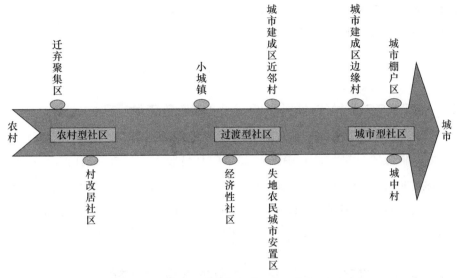

图 5-1　过渡型社区的存在谱系(王海侠,2019)

(5)持续降低城乡间要素流动成本。城乡融合是城乡关系发展中一个重要阶段,这个阶段主要表现为生产要素、经济活动、人口、功能、规划、公共服务等方面在城乡重新配置,以及在此基础上的低成本流动。比如,城乡资源配置的其中一类是:创新成本由城市承担,农村享受创新带来的效率。但是,由于制度与技术各层面的"摩擦力",目前问题的关键是创新在农村地区的推广是否能达到低成本可接受的水平。因此,城乡融合下的要素流动,从基础设施建设到相关资源扩散的制度体系等方面,都需要进行调整与改革,激励要素向农村流动,扩大"涓滴效应"在产业、科技创新、文化教育等方面更低成本、高效率发挥作用。

综上,可归纳出后 2020 时代中国城乡共同富裕的根本逻辑:城乡融合发展下的共同富裕不同于之前城乡反贫困体系分立并行的格局,是后 2020 时代推进城乡共同富裕的基本方向,是一项长期性、艰巨的系统性工程。从长期来看,实现城乡共同富裕是乡村振兴和新型城镇化工作的重点,促进新型城镇化与乡村振兴的有效融合,推进小城镇发展,高度重视与发挥城乡过渡带的联通作用,建立现代性的城乡往来互动模式,推进城乡基层治理现代化,降低城乡间各种经济和社会文化要素流动成本,推进城乡"经济一体性"向"文化一体性"的整体变迁,最终实现多阶层融合,避免走入城乡同质化误区。从短期来看，一方面，加强城乡公共服务制度一体化设计，促进城市各种公共服务资源辐射和延伸到农村，有效借助互联网与大数据等现代信息技术手段，加快教育、卫生、文化等公共服务资源的城乡间数字化共享；另一方面，打好财税、金融、社保、科技、人才等相关政策"组合拳"，鼓励和引导各类要素向农村流动，加快形成城乡资源双向合理流动新格局。

5.2 后2020时代中国低收入人口规模评估

划定低收入标准是认知中国后2020时代低收入人口规模的前提。本书主要以城乡低保线与农村特困人员救助供养人数（现有制度参考）、世界银行绝对贫困线与社会贫困线（关注家庭支出）、等价可支配收入的50%的标准（关注家庭收入）来进行对比考察。

5.2.1 以城市与农村低保线、特困人员救助供养人数为参照

2020年第三季度中国城市低保人口规模大致为495.9万户818万人，农村低保人口规模大致为1972.6万户3607.9万人，农村特困人员救助供养人数446万人，因此，截至2020年第三季度全国低保人口和特困人员救助供养规模为4871.9万人。近五年来规模变化如图5-2所示。

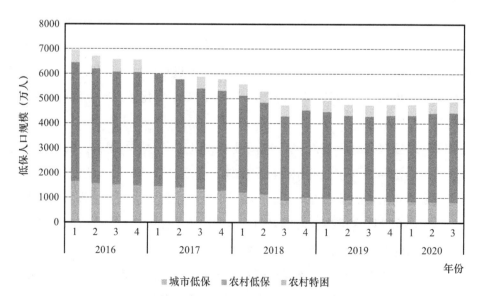

图5-2　近五年分季度低保人口与特困人口规模

数据来源：民政部分季度统计数据。

5.2.2 以世界银行贫困标准为参照

世界银行的贫困标准分为"绝对贫困线"和"社会贫困线"两种。"绝对贫困线"以1.92美元的日均消费标准线来测定,即年人均消费支出在4690元以下的人口为贫困人口。从2020年第三季度全国各省市自治区城市低保标准来看,城市低保户每月低保收入平均为665元,换算为全年则为7980元,农村低保户每月低保收入平均为5841.7元,均远超世界银行贫困线。也就是说,世界银行标准适于测定绝对贫困标准,对于中国贫困整体状况测定显得过低。一方面可见中国贫困治理的显著成就,另一方面也可见中国必须以更高标准来测度后2020时代低收入人口规模。"社会贫困线"是指以6.9美元的日均消费标准线来测定,即年人均消费支出在16636元以下的人口为贫困人口。若以此标准来计算,则目前中国所有省、市、自治区的城乡低保标准均低于此标准。

由于数据不可得,本书假设中国人均消费支出分布与人均收入分布趋势基本一致,因此,可以由人均年收入分布测得人均年消费支出分布的大致情况。若以2019年数据来看,人均年消费支出2.2万元,人均年可支配收入3.1万元,人均支出与可支配收入的比率为70.1%。以"社会贫困线"来计算,人均月消费支出在1386元以下的为低收入人口,则应以人均月收入1977元为标准。显然,以"社会贫困线"为标准测算又过高。

5.2.3 以等价可支配收入中位数的50%为参照

以等价可支配收入中位数的50%为标准,是当前测量相对贫困较科学准确的标准,即充分考虑东亚文化圈家庭对于抑制贫困的重要作用以及家庭内部扶助责任义务的情况下,计算相对贫困人口数。2019年全国居民可支配收入中位数为26523元,由于统计数据不可得,暂以全国居民可支配收入中位数(而非平均数30732.8元)和全国家庭户规模的中位数位于"三人户"来估算,计算全国居民等价可支配收入约为15313.5元,50%即为7656.75元。即年收入达不到7656.75元、月收入达不到638元的人口为"相对贫困"人口,此数值与2020年第三季度城市最低生活保障平均标准665元/月极为接近,但高于农村最低生活保障平均标准的487元/月。以此估算,638元/月高于全国居民按收入五等份分组20%低收入组615元/月数值约23元/月,多出的人口数可忽略,估算全国大概20%出头的人口为贫困人口。

综上，由于城乡低保指标需由政府相关部门审批，城市特困人口规模尚未准确统计，因此以城市与农村低保线、特困人员救助供养人数为标准反映的贫困人口规模较为"乐观"，实际相对贫困人口规模应该远超过 2020 年第 3 季度的 4871.9 万人。世界银行的标准较为宽泛，也不适用于具体判断中国贫困人口规模。以等价可支配收入中位数的 50% 标准较为科学，但计算和统计成本较高，可以在城镇区域先期引入此标准进行统计，随后在农村地区逐步推广。需指出，在严格依照计算公式进行计算的同时，应考虑到生活成本地域差异问题，即与消费者物价指数（Consumer Price Index，CPI）、GDP 平减指数（GDP Deflator）和生产者物价指数（Producer Price Index，PPI）对照比较。本书通过三种标准估算后对比认为，保守估计当前中国相对贫困人口规模应在 2 亿人以上。

5.3 城乡差异视角下中国低收入群体形成原因

从城乡差异角度讨论低收入群体问题，可证明走城乡融合之路，推进新型城镇化和乡村振兴，是实现城乡共同富裕的重要举措，是协调经济社会发展整体格局的必然选择。

5.3.1 区位差异和资源禀赋限制了发展空间

中国城乡之间存在显著的区位差异，虽然理论上乡村与城市之间存在资源禀赋互补性，但在具体的产业发展、生态环境等方面，乡村尤其是农村的资源禀赋较差，难以支付经济社会发展的基本成本。比如，农村地区人地矛盾和水资源问题突出，贫困县（摘帽前）中有 313 个县农村人均有效灌溉面积不足 0.5 亩；由于"生态红线"的限制，生态环境脆弱地区的贫困乡村无法推进城镇化发展，制约了乡村产业的发展升级。

5.3.2 乡村地区平均人力资本水平普遍较低

包括城乡过渡带与农村地区，平均人力资本水平普遍较低，严重制约了相关人群自生能力的提升。与城市相比，城乡过渡带与农村的教育培训资源存在显著的空间配置不均，受教育与培训的机会成本较高。受教育程度直接导致规则意识较差，提高了乡村地区经济社会发展所必需的交易成本；必要技能培训资源的缺乏，直接导致自生能力的丧失。另外，从某方面来说，低收入群体形成的原因主要是对未来洞察力的缺失以及由此导致的期望错判和个人资源错配。对于低收入群体往往产生"稀缺心态"，过度俘获注意力并降低"心智容量"——带宽，也就更易于在未来陷入困境。"稀缺会降低所有这些带宽的容量，致使我们缺乏洞察力和前瞻性，还会减弱我们的控制力"（穆来纳森、沙菲尔，2014）。"需求的压力始终存在于穷人心中，挥之不去，从而造就了他们自身的内化尺度"（穆来纳森、沙菲尔，2014）。这从一定程度解释了低收入人群决策短视，缺乏对个体未来保障的关注，无法在更能摆脱低收入的教育培训领域进行投入，长期陷入低收入的旋涡。

5.3.3 城乡制度性低收入以多种形式广泛高发

中国城乡差异问题，有典型的制度方面的特性。中国城乡融合的实质是城乡连续体的重构，这个过程是中国集中型体制所形成各种资源集聚的城市向周围扩散的过程，"集中型的体制自然会形成社会中心区域和社会边缘区域，各种社会资源的分布首先集中于中心区域，然后向周边扩散"（李强，2019）。在这个过程中，城乡生产要素与定价机制不同，要素交换不平等，因此要素流动激励机制较差，导致严重的城乡发展不平衡、不充分问题；公共资源配置向城市的倾斜，也导致城乡过渡带与农村地区的落后发展问题；城市对国家政策的坚决执行，在一定程度充分暴露了政策的副作用，如由于独生子女政策的长期推行，中国家庭规模普遍小型化，家庭内部转移支付以弥合经济裂痕的作用骤减，城镇家庭尤为如此，这些政策对于共同富裕目标的影响是极为长远的。

5.3.4 社会文化身份矮化限制经济身份提升

经济身份与社会文化身份关系是讨论城乡共同富裕的切入点。城镇与乡村的区别，在于经济身份与社会文化身份"孰重孰轻""孰为因孰为果"的问题，而一体化看待城乡贫困问题，二者呈现的"互为因果"关系要求在后城乡共同富裕时代必须同等重视经济身份和社会文化身份因素，忽视社会文化身份的政策设计将严重影响个体的脱贫能力，同时也无法真实反映城乡连续体中各种低收入的实质。由于城市对于乡村的长期社会文化身份矮化，形成了城乡间高筑的文化壁垒，限制了无形资源的流动，同时影响了乡村社会文化较低身份人群在经济方面的上升空间，或者与经济脱贫身份不匹配的社会文化身份将导致更强烈的不公平感。

5.3.5 城乡过渡带区域多元致贫因素的叠加

相比较农村绝对贫困的消除与城市低收入群体保障相关矛盾的缓解，城乡过渡带是诸多贫困因素叠加的重点区域。城市低收入群体存在着向城乡过渡带转移的趋势，同时农村贫困的传统因素在城乡过渡带也依然广泛可见，因此城乡过渡带成为多元致贫因素叠加的复杂区域（表5-1）。比如，就城市、城乡过渡带存在的低收入困境而言，失业是重要的缘由。由于农村农业的基本保障作用在城镇化过程中式微，城乡过渡带的村社也开始出现由于失业而导致的低收入现象。但是，城市失业保险制度的覆盖范围远远未能保障全部城乡过渡带的居民，也不存在农村以土地为基本保障的形式，因此城乡过渡带的低收入群体安置问题应当是后2020中国城乡共同富裕的"硬骨头"。

"城市 ⇔ 城乡过渡带 ⇔ 乡村"不同因素的叠加　　　表5-1

城市	城乡过渡带	乡村
失业问题 独居老人贫困 刚需型家庭债务 家庭必要高额支出的脆弱性 流动人口的经济脆弱性 ……	失业问题 独居老人贫困 刚需型家庭债务 家庭必要高额支出的脆弱性 流动人口的经济脆弱性 农业产业的脆弱 资源禀赋较差 产业空心村社 教育医疗等公共服务缺位 ……	资源禀赋较差 产业空心农村 农村人口少子老龄化 教育医疗等公共服务缺位 "五保户"与特困人员相关致贫因素 ……

数据来源：文献整理。

5.4　城乡融合背景下实现共同富裕的多元化方式

长期以来，资金、土地、人才等各种要素由农村单向地流入城市，在推动我国城市走向繁荣的同时，使得部分农村不断地走向衰退，集中表现为农村"空心化"、农户"空巢化"、农民"老龄化"、农业"空壳化"等问题，大量农村资源处于停止流动状态。近些年，我国一些农村地区开始通过资源要素流动，提升集体资产，调动村民积极性，团结村中力量来逐步增强集体经济发展活力和实力。如浙江何斯路村、湖北畈上村及山东临邑县等借助自身的生态要素资源成了旅游胜地；广东清远市、河南土古洞村、山东代村等通过农村土地再利用成为远近闻名的富裕村；贵州大坝村和黑龙江红光村则充分发挥当地的人才优势获得长足发展。城乡融合发展需要经济、政治、文化、生态、社会五位一体资源要素的双向流动，多元化方式协同出击，最终实现城乡在空间上的融合发展（图5-3）。

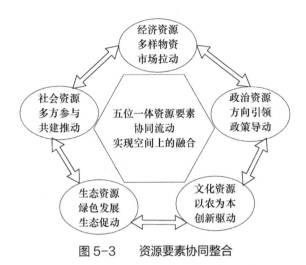

图5-3　资源要素协同整合

如图5-4所示，以城乡居民人均可支配收入情况作为评价城镇化发展的一个切入点，可见2008年至今，中国城乡居民人均可支配收入差距在逐年缩小，城镇化发展拉近了城乡居民收入。与此同时，对比图5-2，自2016年以来，全国低收入人口规模也在逐年下降，与城镇化发展及城乡居民人均可支配收入的拉近是呈正相关关系的。应该说，城镇化的发展、城市经济的腾飞、逐步缩小的城乡差距，加上负责任政党和有为政府的作用，中国减贫在城乡融合背景下取得了显著成效。回顾中国城镇化及城乡融合发展，城乡融合可归纳为以下不同方式，对于城乡共同富裕的不同促进作用可以初步归纳。

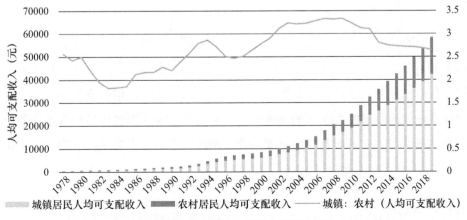

图5-4　改革开放以来中国城乡居民人均可支配收入变化与对比

数据来源：文献整理。

5.4.1 经济融合

经济融合主要聚焦于生产力城乡布局的协调化,梳理好区域内一二三产业的配套关系,加快城乡间生产要素流动,促进知识信息向农村地区传播,以经济发展带动落后农村地区发展,进而从根本上解决城乡共同富裕问题。经济融合强调发展过程中的"成本—效益"分析和产业配套,在乡村地区资源禀赋的基础上,促进与发达城市的产业配套,实现经济发展。同时,政策作用更为根本,城乡经济融合要求相关经济政策对落后的乡村地区倾斜,做大乡村经济"蛋糕",实现城市反哺乡村。例如,以发展大规模农业种植来说,低收入人口将自身作为劳动力要素获取劳务、分红等资金收入,也通过土地等要素获得租金,同时,城市中的人才、企业家和超市等进入农村,为农业生产提供技术、资金和市场支持(图5-5)。

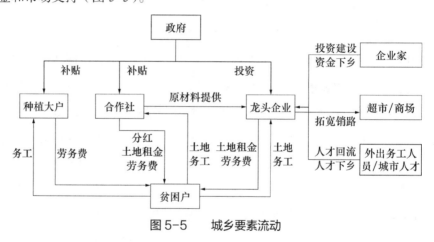

图5-5 城乡要素流动

5.4.2 制度融合

与发展经济学强调政策对落后地区经济追赶的作用不同,制度融合聚焦于城乡制度一体化,强化顶层设计与制度安排,在国家战略框架下统筹城乡发展。目前城乡制度融合要在新型城镇化、乡村振兴战略的框架下推进,逐步实现城乡一体,打破城乡二元的制度壁垒,增强乡村地区制度环境对人才等各种要素的吸引力。尤其涉及二次分配的政策设计,将直接影响城乡共同富裕工作的推进。

5.4.3 文化融合

文化融合主要聚焦城乡文化撕裂问题,弥合城乡文化鸿沟。要从城乡文化差异中寻找"连接点",城乡文化"存异"中必须"求同",绝对化的城乡文化撕裂将彻底断绝城乡关系,使城镇化的努力无法更有效促进城乡共同富裕。要将城乡共同富裕、拉进城乡发展的事业从物质层面上升到精神文化层面,在城乡文化相互借鉴、取长补短、交流共生的基础上,能够拉近相互的文化理解,尤其对于乡村低收入人群的文化理解与包容,在精神方面彻底斩断各种社会"鄙视链"。

5.4.4 生态融合

生态融合主要聚焦城乡之间生态治理有效衔接,要有城乡生态无边界的整体治理意识,再造城乡和谐生态圈。生态融合尤其对城乡景观和谐化作了更高要求,在保持特色风格的前提下,不断缩小城乡基本生态景观差异,将生态建设延展至乡村地区,让广大乡村居民也能享受生态红利。在生态融合过程中,有利于促进乡村生态改善与第三年产业的发展,提高乡村吸引力,改善乡村经济环境,进而拉进城乡居民收入并实现进一步的共同富裕。

5.4.5 社会融合

社会融合主要聚焦于城乡生活方式、正式或非正式组织形式的融合,在城乡过渡带推进"村改居",推行城市社区化管理,这些举措均是以社会融合为路径促进城乡融合的尝试。城乡社会融合有利于不同阶层群众的"心理整合",有利于打破人生评价标准单一化、庸俗化、资本本位的"牢笼",将低收入群体重新拉入社会主流生活中。社会融合涉及城乡社会治理一体化发展,有利于推动解决城乡户籍管理制度二元体制问题,促进城乡要素流动,实现公共服务城乡均等化。

案例窗口

大同市天镇县是全省十个深度贫困县之一,全县建档立卡贫困人口 2.01 万户 4.76 万人,贫困发生率 20.8%。为帮助贫困人口脱贫,天镇县委、县政府在充分尊重群众意愿的基础上,因地制宜、科学布局,集中打造 65 个安置点,对 3.12 万人实行易地扶贫搬迁。其中,投资 5.2 亿元集中打造的县城东郊"万家乐"移民新镇,堪称移民安置点建设的样板工程。

社区联治形成合力,通过成立业主委员会,建立红白理事、养老服务、文化娱乐、治安联防、纠纷调解等各类服务组织,发挥群众参与治理主体作用,努力把易地扶贫搬迁安置点建设成为和谐有序、绿色文明、创新包容、共建共享的幸福家园。

仅靠移民手段无法保障永久性脱贫，天镇县通过构建"村村有产业、户户有就业、人人有保障"的后续扶持体系，确保每个搬迁家庭至少有一人就业，至少有一份稳定收入，有效避免"撑杆式"跳高、"断崖式"返贫。利用产业园区牵头发展，在"万家乐"移民新区东侧配套建设扶贫产业园；为避免搬迁群众初进县城"水土不服"，在"万家乐移民新区"附近的李家庄村流转土地2214亩，建设黄花扶贫种植基地。光伏扶贫全面覆盖，全县建成光伏扶贫电站6.48万千瓦，每个贫困村平均每年可获得20万元的集体收益。

通过开展道德讲堂、优秀传统文化、社会主义核心价值观、文明公约宣传展示等活动，引领家风、民风、社风，使红色文化、德孝文化、乡贤文化全面激发、升华、传承、发展，滋养群众心灵，激发内生动力。将易地搬迁与文旅开发相结合，围绕推进古长城开发和打造生态旅游线路，建设7个旅游扶贫安置点，深挖文化资源，重点打造安家皂省级历史文化名村、李二口村长城文化旅游、黄家湾塞外古堡文化旅游等三个文旅扶贫示范点。

5.4.6 空间融合

空间融合主要聚焦城乡交流通道的丰富与畅通，强调空间布局的相互配套。尤其对于城乡过渡带地区，作为城市与农村衔接的地域，是空间融合的重点。城乡空间的融合，提高了相互之间的"可进入性"，对于城乡要素流动有重要促进作用。因此，空间融合对于城乡减贫具有间接的重要作用，将有效推进城市更新与乡村城镇化发展，进而提高城乡共同富裕效率。

应当指出，以上六种融合方式并不是单独存在的，中国差异巨大的各地方依据自身特点在此六个方面有选择、有权重地推进着城乡融合，并在城乡融合的过程中，促进城乡共同富裕。

5.5 城乡融合发展视角下的低收入人口共同富裕对策

依据以上分析，从城乡融合视角，针对后2020时代中国低收入人口共同富裕问题，提供以下对策建议。

5.5.1 具体设计城乡融合战略，推进后 2020 时代低收入人口共同富裕

国家层面，依据"十四五"规划和 2035 年远景目标，围绕《中共中央 国务院关于建立健全城乡融合发展体制机制和政策体系的意见》制定的"三步走"规划，参照新型城镇化与乡村振兴战略，具体制定 2035 中国城乡融合发展战略，设计缩小区域城乡生活水平差距、人口有序流动、建设用地市场、城乡普惠金融、基本公共服务、基础设施一体化、乡村治理、农业农村现代化、乡村振兴工作方面的指标体系。地方层面，从不同区域差异特质出发设计有针对性的城乡融合战略，围绕区域发展阶段与社会经济结构，调整后 2020 时代各阶段城乡低收入人口共同富裕目标，形成"全国一盘棋"的保障体系。同时，引导和规范工商资本参与乡村振兴，是优化乡村资源要素配置、活跃乡村经济、完善乡村治理的重要途径，是解决农村发展不充分、促进城乡融合发展的重要抓手。

5.5.2 参照现有制度体系与家庭可支配收入开展低收入家庭认定

后 2020 时代，由省级行政区依据本地情况，参照现有城乡低保线与特困人员救助标准，开展低收入人口动态监测统计。国家应鼓励有条件的地区，先行先试以家庭可支配收入为参照开展低收入家庭认定，如在精确统计本地相关数据基础上，以等价可支配收入中位数的 50% 为标准划定低收入家庭，以体现家庭成员之间的责任关系。另外，不建议重点参考家庭支出相关数据，可在"相对浮动的"标准之下，以家庭支出为参照设计"相对固定的"标准，防止返贫问题再生。

5.5.3 针对"城市 ⇔ 城乡过渡带 ⇔ 乡村"不同对象设计共同富裕政策

以"城市 ⇔ 城乡过渡带 ⇔ 乡村""三分法"的思路，分别针对不同区域特质设计政策核心关注人群。城市应重点发挥产业集聚、知识集聚、资本集聚的优势，继续积累财富，相应共同富裕政策应重点关注相对剥夺认知人群，政策设计应以降低相对剥夺感为核心，重点在于阶层价值认同的多元化与平等化；农村地区则应重点为城市缓解各种发展压力，提供社会文化活力。相应共同富裕政策重点关注低保认定人群，继续针对低保边缘人群加大政策投入力度，预防绝对贫困的再次发生；城乡过渡带面对最为复杂的情况，共同富裕政策应当努力整合区域内复杂多元的阶层群体，降低低收入群体相对剥夺感。

5.5.4　以城乡整体视野重新审视现有制度设计并探讨调整措施

"有些意外的再分配不是故意的，而可能只是为了其他的目的采取措施的副产品"（图洛克，2017）。对现有政策应给予深思熟虑的"推演"，对不适应后 2020 时代城乡共同富裕的政策制度进行及时调整。比如，针对老龄化与高龄贫困问题，根据"城市 ⇔ 城乡过渡带 ⇔ 乡村""三分法"思路与后 2020 时代共同富裕的逻辑，重新调整城乡养老金支出结构，降低上一代人养老金待遇，适度延长城市与城乡过渡带居民的退休年龄；再如针对城市、城乡过渡带、乡村的扶助贫困现有激励和保障措施，应依据不同地区群体特质和贫困成因的个体特质进行精准设计，要抓住低收入群体性和个体性"瓶颈问题"，而非简单依据现有福利制度进行补助。

5.5.5　强调和充分发挥政府信息传递职能，变"输血"为"造血"

政策设计总是要明确政府"需要做什么"，明确政策需要怎样的"激励—惩戒"机制，但事实上，政府首先应当明确"不需要做什么""哪些不能做"。推进后 2020 时代中国城乡共同富裕，应当进一步转变政府职能，变"输血"为"造血"，在设计激励惩戒政策措施的同时，重点要担负起信息传递的职能，在此基础上设计的政策将更具实操性。推进低收入人口共同富裕的关键之一，是提高个体认知能力与执行控制力。尤其要设计有效的预警机制，使低收入人群能够更早为未来的不确定性做出更有效率的决策。比如，可以对后 2020 时代党和政府的责任边界作出更明确细致的解释，进一步弥合城乡、贫富之间的信息鸿沟，让低收入群体对未来的预期更加准确，政府可牵头制定专门人才激励政策，积极吸引人才回流，在保障基本权益的同时，完善其对常住村居基层治理的参与机制，拓宽其意见表达渠道，实现共建共治共享的治理格局。

5.5.6　围绕城乡融合的核心逻辑，以经济社会整体发展推进共同富裕

城乡融合的核心逻辑之一：通过降低交通成本，降低城乡要素流动的"摩擦力"，降低农村和城乡过渡带的发展成本，提高其生产效率。"产业发展是统筹城乡发展、创新社会治理的物质基础"（许晴，2019）。城乡经济发展一方面依靠蛋糕的做大，另一方面依靠成本的降低。应优先降低欠发达地区的发展成本，适度调整各种要素城乡间流动价格，激励要素资源向乡村地区、欠发达地区流动。

城乡融合的核心逻辑之二：通过减少城市非正规经济部门，提高政府财政攫取能力和治理能力，用于增加城乡过渡带的正规经济部门，带动乡村发展。一方面，增强城乡产业经济的正规性，逐步实现城乡产业发展的制度化治理体系，提高政府治理能力。另一方面，依据中国巨大的地区差异性所决定的城乡融合的多样性，基于对"非经济"问题的判断进行城乡产业规划设计。在区域特质、城乡关系特质基础上搞清"非经济"问题，而非"一刀切"地推进城乡融合，是发展城乡经济、实现共同富裕的思路。

城乡融合的核心逻辑之三：城市的集聚和乡村的活力，应该是中国未来城乡融合发展道路的基本特征。城市应重点发挥产业集聚、知识集聚、资本集聚的优势，继续积累财富，激活城乡各类要素潜能，推动以城乡要素自由流动、平等交换为核心的开放性、竞争性和有序性为基本特征的统一要素市场的形成。城乡过渡带要充分发挥联通功能，不断承接城市经济、社会文化资源的"溢出"，并充分吸引和发挥农村剩余资料的生产力，提供更具活力的生活生产环境；农村地区应重点为城市缓解各种发展压力，提供社会文化活力。

5.5.7 重视社会文化因素，探讨城乡文化割裂治理之道

绝对贫困的治理更多是经济层面的治理，推进共同富裕则更多应围绕社会文化层面。各地政府应高度重视城乡二元的文化割裂，尤其是经济发达地区政府，要围绕"知沟理论"与"回音壁效应"，设计"无歧视社会"战略，重点解决城乡之间、贫富之间文化撕裂问题，扭转针对乡村的社会文化身份"矮化"。同时，对于"城市 ⇔ 城乡过渡带 ⇔ 乡村"谱系中各种社区，要在尊重其历史的基础上促进其多样性发展，避免低收入人群的孤立与集中，助推经济指标对人生评价权重的降低。进一步加大对低收入群体的文化教育投入，完善村社教育体系，提高其社会身份认同感与自尊感，降低其被剥夺感，向"无歧视社会"迈进。

第 6 章 "小黄花 大产业"

——大同市云州区城乡融合发展中的产业"减贫账"

大同市云州区（原大同县，2018年2月国务院批复撤县设区）是国家燕山—太行山集中连片特困地区，有贫困村80个、贫困人口32926人，贫困发生率达30.8%，属于国家级贫困县。近年来，云州区把黄花作为产业扶贫和"一区一业"的主导产业来抓。经过近十年努力，云州区黄花种植达到17万亩，形成了9个万亩片区和109个专业村，培育出17家龙头企业，打造了6个国家级品牌，促进了农业供给侧结构性改革，盛产期黄花亩均毛收入达8000元，仅黄花一项，12.35万农村常住人口人均收入4100元；特别是，以乡办、村办合作社带动贫困户种植黄花3.8万亩，除社保兜底外的12194户29722名贫困人口达到了人头（而非人均）一亩黄花的目标。2019年4月，山西省人民政府批准云州区退出贫困县；2020年5月，习近平总书记在云州区考察黄花产业扶贫，称赞"小黄花大产业，很有发展前途"。

与"小黄花、大产业"相类似的还有木耳、香菇等，它们都具有"一小一大"特征（习近平总书记在陕西金米村称赞"小木耳大产业"）。那么，这些"一小一大"型产业，是如何在脱贫攻坚中迅速发展起来？它们在精准扶贫精准脱贫中是否具有某些特殊内在规律？政府在产业发展中发挥着什么作用？其减贫效应如何？围绕这些问题，课题组选择大同市云州区进行深入调研，以深入了解城乡融合发展背景下"一小一大"减贫经验，用于向全球分享中国产业扶贫经验、推动国际交流、促进南南合作之目的，为世界消除贫困事业做出理论与实践推广贡献。

6.1 产业选择：从谋划到坚守，十年磨一剑

黄花，学名萱草，民间又称金针、忘忧草，其含有丰富的蛋白质、胡萝卜素、核黄素及磷、铁等矿物质元素，且具有清热、止血、利尿、通乳、健胃等多种辅助

功效，拥有较高的药用和食用价值。据地方志记载，云州区栽种黄花始于北魏，明永乐年间种植规模逐渐扩大，有"黄花之乡"之美誉。但是，在 2010 年以前，云州区黄花种植面积不足万亩，且为一家一户的小规模种植，并未形成大产业。2011 年，云州区立足黄花的全国消费需求，从种植传统、投入产出等方面深入研究，发掘发展黄花产业优势，将其确立为"一县一业"主导产业和农民脱贫致富支柱产业。

10 年来，经过探索期、快速发展期和巩固提升期三个阶段努力，云州区通过发展黄花产业，夯实了脱贫攻坚的产业基础。

6.1.1 探索期（2011—2015 年）：夯实产业基础

长期以来，云州区农民由于受水地少、采摘劳动力不足、晾晒场地不够、冰雹和病虫害等问题影响，提到种植黄花都有"五怕"，一怕天旱，二怕虫害，三怕雨涝难采摘难晒干，四怕种多缺劳动力，五怕产多了难卖。

种植黄花的前两年零收益，也是农户不愿意种植黄花的重要原因之一，特别是在云州区这样一个国家级贫困县，即使知道种植第三年以后会很赚钱，但是前两年无收入的风险也是一般家庭无法承受的。这些问题导致云州区一直是一家一户的黄花小规模种植，人们种植两三亩就觉得困难重重，形成不了大的产业。

针对这些问题，云州区政府成立黄花产业化发展领导小组，制定出黄花产业发展规划和年度计划。自 2011 年起，区财政每年拿出 1000 万元进行产业扶持。连续 5 年都对新栽黄花给予每亩 500 元补助，并且推广套种、间种模式，打消农户种植顾虑，引发全区多个乡镇的积极响应。如西坪镇贺店村，在 2011 年以前，由于农地是油沙地，虽然是矿物质丰富的火山土壤，但漏水漏肥不耐旱，加之过去没有机井，种地完全靠天吃饭，黄花种植只有 100 余亩。在云州区把黄花作为"一县一业"，开始大规模推广种植后，该村抓住机遇，积极发展黄花种植。特别是对新栽黄花每亩补助 500 元政策直接调动了贺店村农民种植黄花的积极性。之后区政府又在村里建设了一系列配套设施，如硬化村里街道和广场提供晾晒场地；打两眼井解决灌溉问题等，彻底打消了农户种植顾虑。贺店村在短短 3 年内将黄花种植面积扩大 5 倍，截至 2020 年，贺店村的黄花已经发展到 1600 亩，达到人均 3 亩的水平。

经过 5 年探索，云州区政府将黄花产业发展的难题逐个破解，黄花种植规模不断扩大。截至 2016 年，全区黄花种植面积达到 9 万亩，产值达 3.5 亿元，打造了西坪、倍加造镇 2 个万亩片区，部分黄花种植专业合作社和黄花销售加工企业开始涌现。

破解农户黄花种植"五怕"

1. 解决怕天"旱"。黄花的开花期,尤其是盛花期需水量大,如果此时期缺水,易使幼蕾萎缩、变黄、脱落、甚至导致叶片枯黄。因此如果不在水浇地上种植,就只能靠天吃饭,一旦遇到天"旱",收成会受到严重影响。为解决此问题,政府大力投资改善农田水利条件。水利部门全面推行喷管和膜下滴灌技术,所有设施全部免费供给。2011年,由水务局副局长宋天信带领的专业技术人员,深入全县(大同县)10个乡镇进行调查、摸底,坚持因地制宜、科学规划,确保黄花种植区水利设施配套完善。依托京津风沙源治理工程水利水保、水库移民后扶等项目,积极抽调专业队伍,为大同县黄花种植区新打井7眼、铺设节水管道24600米,新增灌溉面积3130亩。

2. 技术到田到户,解决"怕虫害"。全区黄花相关技术人员分组到田,为种植户现场授课,教授田间管理和病虫害防治知识。有效解决了村民因害怕病虫害不敢种植黄花的问题。

3. 解决"难晒干"。黄花采摘之后需要经过晾晒,粗加工成干黄花才能进行储存、销售。而很多农户难以找到合适的晾晒场地,只能在自己家的院中晾晒,极大限制了黄花的种植规模。因此云州区政府帮助建设晾晒场地,并协调学校利用假期提供操场用以晾晒。近几年,为解决下雨天室外无法晾晒的问题,云州区政府又投资上千万元,在22个贫困村和17个黄花规模种植村建起地头冷库和晾晒棚,有效解决了阴雨天黄花储藏、晾晒问题,减少阴雨天鲜黄花损失,增加了农户的收入。

4. 解决"缺劳力"。政府组织村干部、贫困户代表到产区村、加工企业进行观摩,现场学习黄花种植和加工技术,了解黄花的前景和收益。云州区为连片500亩以上的黄花地配套2眼机井和配套电机、高压线,做到黄花种植到哪里,配套设施供给到哪里。通过各项服务打消老百姓心中的疑虑,尤其是开设黄花种植保险,给农民吃上"定心丸",农民黄花种植热情空前高涨。

5. 解决"销售难"。黄花办开展黄花市场价格平台,定期提供全区市场分析、价格公布等服务。政府成立专门的黄花销售团队,强化农户超市对接网上直销等销售渠道建设。在全国建立黄花直销店,开拓有机黄花高端及国外市场,解决黄花销售难、品牌打造难的问题。有效解决了村民因害怕病虫害不敢种植黄花的问题。

资料来源:根据大同市云州区扶贫开发办公室、大同市云州区农业农村局、大同市云州区黄花产业发展办公室公布数据和访谈整理所得。

6.1.2 快速发展期（2016—2018 年）：让贫困户搭上产业"便车"

脱贫攻坚战的打响为云州黄花迎来了快速发展期。区委书记王凤瑞在该村调研产业发展时说，"贫困县脱贫致富的关键在于发挥本地的比较优势，对于境内无煤又无矿的我县来说，生态是我们最大的品牌，黄花是农民减贫增收的第一产业，让农民站上市场的制高点，由过去种大田作物向经济作物转变，由过去吃啥种啥向啥贵种啥转变，就能实现'高效农业快富农民'的目标。'十三五'期间，我县要制定规划，进一步扩大种植面积，研发黄花深加工，做大黄花销售市场，通过不懈的努力，把我县建成全国的黄花交易中心，让'黄花之乡'与'大同火山群'齐名。"

2016—2018 年，云州黄花以每年 2 万～3 万亩的速度快速扩大，截至 2018 年底，黄花种植达到 15 万亩（其中盛产期黄花 7 万亩），产值达到 5 亿元，形成了 9 个万亩片区（其中一个达 2 万亩）。

能否带贫减贫，在多大程度上带贫减贫，是判断一个产业是否称得上扶贫产业的标准。黄花产业作为云州区扶贫主导产业，一定要在最大程度上做到带贫减贫，帮助贫困户增收脱贫。为此，云州政府创新性地提出"贫困人口人头（而非人均）一亩黄花"的政策，将贫困户长久脱贫与黄花产业可持续发展直接挂钩，并且选定合作社作为政策实施的载体。

全区共成立 49 家乡办、村办合作社，带动贫困户种植黄花 3.8 万亩，达到了除社保兜底外 12194 户 29722 名贫困人口人头一亩（不是人均）黄花的目标。在种植、管理、采摘和加工黄花时，把贫困户培训成为产业工人，通过在田间务工增加收入，可吸收全区 2 万多名有劳动能力的人口，年平均收入达 2 万元。土地流转费、务工收入和分红多项收入共同保障了贫困户稳定增收和脱贫。

6.1.3 巩固提升期（2019 年至今）：迈入大产业新时代

产业做大做强不仅仅需要夯实产业基础，更需要依靠产业链的延长、一二三产业的融合、城乡融合以及特色品牌的打造。2019 年开始，云州区黄花产业的发展目标从增量转变为提质增效。

在黄花种植方面，政府在稳定种植规模的基础上，转向注重农业安全，加强市场监管，确保产品质量，实施标准化种植 1000 亩，绿色认证 8 万亩，有机认证 1.6 万亩。这也让云州区成为"国家黄花种植和加工标准化示范区"、国家级和省级"出口食品农产品质量安全示范区""全国绿色食品原材料（黄花）标准化生产示范基地"。

在产品加工方面，政府积极培育合作社和企业的黄花加工能力，扶持黄花龙头企业改进工艺，提高品质，研发"黄花＋"产品，如黄花酱、黄花饼干、黄花面膜等，提升市场形象。

城乡融合方面，除农产品本身，黄花的更多价值被开发，黄花产业与生态旅游、文化康养、文化艺术等深度融合，休闲观光、养生养老、创意农业、农耕体验、乡村手工艺等大力发展。例如，打造火山黄花田园综合体，建成忘忧大道、忘忧农场等一批黄花采摘观光、健康养生景点；举办大同黄花文化旅游月黄花开摘仪式、大同黄花文化艺术节书画摄影大赛、黄花文化节等黄花主题项目。截至2020年形成以黄花为媒的乡村旅游点23个，仅2019年1年接待游客达197万人次，旅游收入19亿元，收入增长22%。

6.2 政府引导：全方位扶持，夯实产业基础

黄花种植前两年无法产生收益，政府补贴与基础建设投资对于扩大种植规模、稳定民心具有重要作用。为解决黄花产业发展过程中面临的资金、劳动力、基础设施、技术、农民信心等难题，区政府采取了一系列组合措施。

2012年以来，全区投资5.2亿元用于黄花产业发展，其中扶贫资金约1.8亿元，农业、水利等资金约3.4亿元。这些资金主要用于补贴、基础设施投入、销售奖励等。2012年至2016年，新种植黄花每亩补贴500元，由农业资金支付；2017年起每新种1亩，给予1000元补贴，非贫困户由农业资金支付，贫困户由扶贫资金支付；以上补贴累计11094.1万元（农业、水利等资金8200万元，扶贫资金2894.1万元）。田间管理费每亩800元，补贴两年，共计1676万元。土地流转费每亩1000元，共计1996万元。

基础设施建设方面，加大水利扶持力度，通过硬化庭院、广场、废弃宅基地、荒滩地等增加晾晒场地，目前建设黄花冷库39座、晾晒大棚40个，累计花费1688万元；黄花基地喷灌设施1267.4万元；黄花加工厂两座，花费3406.5万元；黄花冷库购置储存托盘、晾晒托盘和手推车，花费612万元。2020年计划投资1566万元建设晾晒场地、冷库、储藏地窖、晾晒大棚。农田水利等投入方面，投资2.6亿元改善农田水利条件，实施万亩农业综合开发、土地整理、雁门关生态畜牧经济区建设等12个重大项目，新增和恢复灌溉

22.68万亩；连片种植200亩以上，由水务部门免费打井取水，推广节水灌溉6.21万亩。除以上投资外，还计划100万元用于奖励销售贫困户或者合作社的电商网点。黄花种植成规模后，云州区专门规划了黄花旅游观光线路，增设休闲观光景点，宣传大同黄花，带动黄花消费。

农机方面，订制专门黄花生产农业机械，保证每个村社一体合作社一套农机设备，包括604拖拉机带配套旋耕机、高地隙植保机械、150拖拉机带配套旋耕机一套、12马力小手扶拖拉机一台；全区还购置了14台无人机用于病虫害统防统治。

保险方面，支持保险公司开发黄花灾害险和价格险，灾害险每亩保费300元，黄花因风、冻、雹、病虫害而受到损失，均可获得补偿；价格险每亩420元，2020年干黄花保底价18元/斤，低于该价格销售可获得差额补偿，从而确保黄花种植收益。争取黄花借贷，联系金融部门专门针对黄花种植加工企业设计产品，针对小户出台5万元的黄花信誉贷。

黄花采摘需要大量劳动力，盛产期1亩地最少需要1个壮劳力。本地最多能解决不到5万人，其他都需外雇。2014年3月，县委书记王凤瑞在西坪镇下榆涧村与村民座谈时了解到，该村黄花种植面积2500亩，进入采摘期的黄花已达1200亩，但由于村里的青壮年多数都外出打工去了，村民采摘黄花时，劳动力严重短缺。村民牛炳种了4亩黄花，两口子零时起床，头戴矿灯，到地里采摘黄花，中午回家，下午2时再到地里摘，傍晚才能摘完。他说，在本地雇不上摘黄花的劳动力，没办法，只能两口子摘，费工又费时。下榆涧村有100户黄花种植户，需雇采摘劳动力500多人。针对黄花采摘难题，政府意识到其已严重影响黄花产业的发展，并开始积极帮助联系雇工，到周边县区、大同大学、技校、中专院校大量发布招募信息，2016年开始引进山东、河南专业劳务采摘队。2020年由于新冠肺炎疫情影响，大同市从周边区县统一调度2万人，参与合作社采摘。参加乡联社的村集体，还派人参与乡合作社的采摘工作，多种措施有效缓解了黄花采摘缺劳力难题。

6.3 带动贫困户减贫的核心——合作社

黄花专业合作社是具有"云州特色"的合作组织模式，也是带动贫困户减贫的核心。合作社为帮助脱贫共种植3.8万亩黄花，其中2.2万亩由50个乡

（村）社一体扶贫合作社统一种植、管理，种植面积虽然仅占全部面积的12.9%（图6-1），但在脱贫攻坚中发挥着至关重要的作用，主要有三方面原因。一是在于很多村受自然条件所限，无法满足黄花规模种植需要的土地集中连片、水利和土壤条件适宜等条件，而无法规模种植，就难以保障农户们的收益。通过成立乡社一体合作社的方式，可以在乡内统一流转土地集中种植。比如聚乐乡除山自造、大北庄以外的15个村都没有合适的条件大面积种植黄花，就集中将面向贫困户的黄花种植在山自造村乡社，种植面积达1328亩，均用于落实"人头一亩黄花"政策。集中种植可以享受更好的配套设施，同时田间管理和采摘加工的人工成本也大大降低。

二是在于合作社将农户与市场相连通。2014年7月6日，西坪镇下高庄锦绣黄花合作社正式开业。开业之日，前来出售黄花菜的农民说，"这下闹好了，原来卖给二道贩子，现在等于卖给了一道贩，每斤多卖1块多，每亩增收500多元。"过去个体种植的农民由于没有与企业联系的渠道，只能把黄花出售给"二道贩子"，辛辛苦苦种植黄花，最后大部分利润都到了"二道贩子"手里。合作社采取直接与龙头企业公司合作的运营模式，合作社负责提供场地、库房和货源，公司负责收购资金、销售。农民种植的黄花直接出售给企业公司，收入显著提高，种植积极性也大幅度提升。

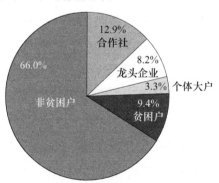

图6-1　各主体种植面积占比

资料来源：根据大同市云州区人民政府、扶贫开发办公室相关报告整理。

三是贫困户加入合作社获得的收入是贫困户持久脱贫的重要保障。合作社对于贫困户的帮扶形式有三种：一是流转贫困户的土地，根据土地质量每年给予贫困户土地流转费，外村会额外支付25元/亩给村集体；二是提供田间管理工作和采摘工作，给予贫困户劳务费；三是收益分红，每年合作社收益按照贫困户60%、合作社40%的比例分红。土地流转、田间管理、采摘等成本实际上成为贫困户的重要收入来源。

从合作社的具体运营过程来看，其主要业务包括黄花种植、管理、采摘及加工、销售。成本方面，除第一年需要每亩1000元的苗木费以外，每年需要土地流转费400~500元/亩、田间管理费（除草、施肥、浇水及相应人工费）400元、保险费（自然灾害险和目标价格险）除去政府补贴一亩地需要120元。2020年采摘人工成本为1.1~1.2元/斤，鲜黄花收购价为1.6元/斤。将鲜黄花加工为干黄花需经历杀青、晾晒或烘干、包装等步骤，加工费为0.3元/斤，按8斤鲜黄花加工1斤干黄花计算，加工成1斤干黄花的成本为15.2元。合作社的收入主要为干黄花销售和政府补贴，预计2020年干黄花平均售价为16~18元[①]，减去15.2元的成本，每斤净利润为0.8~2.8元。

瓜园村园沃黄花专业合作社

瓜园村园沃黄花专业合作社是以"合作社＋基地＋贫困户"为模式的合作社。瓜园村联合其他4个贫困村，种植黄花1300亩（其中60%流转自贫困户），覆盖贫困户355户966人。经过精心管理，第二年就实现了盈利。合作社种植的黄花，由老百姓划片采摘，合作社统一收购、储存、烘干加工。盛产期一亩地可收300斤干黄花，按照18元的保底价计算，合作社可收入702万元。合作社运营成本中，田间管理费和土地流转费各400元/亩计算，合计104万元；采摘1斤鲜黄花1.1元/斤，8斤鲜黄花出1斤干黄花，采摘费用合计343万元；鲜黄花加工费0.3元/斤，合计93.6万元；保险15.6万元。除去上述各项成本，净利润可达146万元。根据协议，合作社收益60%给贫困户，剩下的归村集体，仅分红一项，每位贫困户便可获得900余元，加上土地流转收入、务工收入，贫困户人均可收入4400元（表6-1）。

瓜园村合作社成本收入和带贫效应情况　　　　　表6-1

类别	项目	数量（亩；斤）	价格（元/亩；元/斤）	金额（万元）
成本	土地流转费	1300	400	52
	田间管理费	1300	400	52
	采摘人工费	3120000	1.1	343.2
	黄花加工费	3120000	0.3	93.6
	保险	1300	120	15.6
	合计	—	—	556.4

---

① 目标价格险保价18元只针对品质最优的干黄花，质量较低的干黄花价格低于18元仍无法获得赔付，故将平均售价估计为16~18元。

续表

类别	项目	数量（亩；斤）	价格（元/亩；元/斤）	金额（万元）
收入	黄花销售	390000	18	702
带贫效益	土地流转收入	780	400	31.2
	务工收入	—	—	308.88*
	收益分红	—	—	87.36
	合计	—	—	427.44

注：务工收入按采摘人工费90%计算，田间管理、黄花加工也有一部分归于贫困户，但占比较少。

资料来源：根据大同市云州区人民政府、扶贫开发办公室相关报告及访谈整理所得。

如果贫困户仅仅通过获取合作社净利润的分红，并不保障持久脱贫。但实际上，合作社的成本与贫困户的收入是"一体两面"。无论是土地流转费还是占合作社成本大部分的田间管理和采摘时的人工劳务费，都通过流转贫困户的土地和雇佣贫困户也到了贫困户的手中。

6.4 延长产业链和促进城乡融合的重要力量——龙头企业

2019年云州区盛产期黄花7万亩，产值5亿元，2020年盛产9万亩，产值达7亿元，假设未来价格不变，预计2021—2025年云州区黄花年产值累计可达51亿元（图6-2）。但是鲜黄花保质期较短，在冷库也仅可保存7~12天，销售窗口期短、价值较低，经加工为干黄花后，更容易进行仓储运输，价值也会更高。

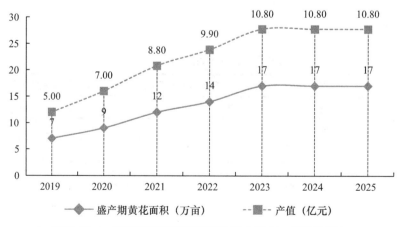

图6-2 云州区黄花产业产值估算（2021—2025年）

估算方法：根据历年黄花种植面积确定盛产期黄花面积，估算产量，并假设价格不变，据此估算全区黄花产值。

资料来源：根据历年黄花种植面积估算。

然而，不论是出售鲜黄花还是干黄花都属于原材料，产业附加值还是过低，难以发展为"大"产业。"大"产业的发展需要品牌打造以及黄花衍生物的研发和制造，这也是所有农业产业发展的难题。为此，区政府积极向市政府争取支持，2018年，大同市政府出台了《扶持黄花产业发展十条政策》，安排1亿元专项资金，用于支持建设以黄花为主导的现代农业产业园，鼓励经营主体建设黄花加工车间并给予适当补贴。但是，单靠政府的补贴难以完成品牌打造和衍生产品的开发，需要利用企业和市场的力量。早在2014年，县委书记王凤瑞就深入企业调研，王凤瑞在调研中指出，黄花加工企业要在黄花烘干、晾晒的各个环节上高标准、严要求，通过精深加工，生产出高质量、高品质、多品种的黄花产品，不断提升黄花产品的质量和经济效益，提高市场竞争力，进一步打响大同县黄花这一品牌，为推进大同县黄花产业规模化、特色化、品牌化做出积极贡献；要在自身发展壮大的同时，带动农民增收，实现共赢。各乡镇和相关部门要积极吸纳各类企业参与发展黄花产业，通过规模种植效应，激励农户扩大黄花种植面积，扩大生产规模，进一步做强做大做精黄花产业，加快推进"一县一业"和农民增收致富步伐。奠定了未来云州区培育龙头企业促进市场销售并以"公司＋农户＋基地"的方式推动产业扶贫的基础。

龙头企业作为延长产业链、增加产业附加值、促进城乡融合的重要力量被引入了产业发展。龙头企业一方面代表了资本下乡，弥补了农村资金短板；另一方面有利于吸引专业人才，带来先进技术和经营管理理念。通过建设加工车间，新上先进设备，改进工艺，提高品质，打造市场形象，云州区各大黄花龙头企业打造黄花产品品牌，有效提高了市场份额和黄花价格，目前已开发出黄花酱、黄花饼干、黄花面膜等9个系列120多种产品。如三利农产品公司推出明星代言品牌产品御黄黄花，售价达98元/400克，远高于普通包装黄花价格（35元/400克）；兴农黄花公司研制了黄花咀嚼片、食用酱和黄花泡菜等食品，形成了上百种黄花菜宴，忘忧农场开发了黄花洁颜面膜，在黄花美容加工上取得突破；大同冰山公司利用真空干燥保鲜技术，开展冰干黄花项目，年转化鲜黄花1200吨；大同民之源黄花食品加工扶贫车间投资1亿元，建黄花深加工饮料厂，研制出萱草口服液、黄花冰鲜冷冻加工产品以及黄花饼干、黄花膨化产品、黄花面包等黄花延伸产品。

除了延长产业链增加产业附加值，龙头企业也是扶贫减贫的重要力量。目前，全区25家龙头企业与贫困村建立了扶贫带动利益共享机制，流转土地13万亩，其中10家企业种植黄花2.7万亩。如区政府和大同市经建投公司共同出资成立宜民产业发展公司，投资2.7亿元，流转土地种植黄花11416亩，每亩每年流转费500～600元，田间管理委托15家合作社进行田间管理，每亩430元，同时建成5条黄花加工流水线，配套育苗、冷库和展厅等设施。通过流转贫困户土地流转和创造贫困户就业岗位，直接带动云州区7个乡镇17个行政村520户贫困户1300余人脱贫致富。龙头企业的带领不仅可以使农民获得高额收入，农村也可通过土地整理与基础设施建设，改善人居环境，助推生态宜居和农民富裕。

大同宜民产业发展有限公司

2016年，为支持企业做大做强，带动全县黄花产业向集约化、品牌化方向发展。区政府在巩固壮大与三利农产品公司、兴农黄花科技公司等黄花龙头加工企业合作的同时，和大同市经济建设投资公司共同出资1亿元，成立宜民产业发展有限公司，规划投资5亿元，主要从四个方面着手做大。

一是流转贫困户的土地，发展黄花5万亩。土地流转期限为9年（到二轮承包期满），按照每亩500元左右的价格，一次性付给农民土地流转补偿费，公司以每亩1000元的价格把流转的土地承包给当地黄花专业合作社经营管理，当地农民在培训后，可在合作社打工挣钱，公司在收回成本后将土地返还给农民，农民可领到"租金、薪金、股金"。

二是建设以黄花为主的现代化农产品加工企业，占地195亩，引进国内先进的3条黄花加工流水线，配套仓库、冷库等设施，日加工鲜菜24万斤，可满足1000亩盛产期黄花的需求，并将公司车间及配套设施顶部设计成光伏发电，解决产业发展和环境和谐发展的问题。

三是建成集培育、开发于一体的全国黄花种苗培育中心，对全国的黄花种苗进行筛选，建立优良品种栽培体系，建设200万株规模优质黄花组培车间，解决品种优化难、新老黄花更新慢的问题。

四是成立专门的销售团队，在全国建立黄花直销点，并按有机标准种植，开拓高端及国外市场。

截至2019年，宜民公司紧紧围绕打造"循环经济产业链""精准扶贫"和"乡村振兴"战略，充分利用产地优势、区位优势和政策扶持，采取"公司＋基地＋合作社＋农户"的发展模式，流转土地11412.5亩，建成集黄花种植、科研、加工、销售于一体的龙头企业。2018年以来，宜民公司多次对国内多家烘干生产线设备进行了考察，经过反复对比、精心设计，在不到一年的时间建成了拥有国内一流设备和国际领先工艺的 5 条生产线。此生产线年可加工处理鲜黄花 3000 余吨，加工生产线运行以来，该公司以 2.5 元的收购价收购农户鲜黄花，高于市场价 0.5 元，直接带动云州区 7 个乡镇 17 个行政村 520 户贫困户 1300 余人脱贫致富。

资料来源：根据大同市人民政府市扶贫开发办公室材料收集整理所得。

6.5 结束语

  云州区已形成 1 个 2 万亩、8 个万亩片区和 109 个专业村，培育了 15 家龙头企业，打造了 8 个国家级品牌，成为全国黄花主产区之一。同时，云州区黄花产业形成了政府引导，以合作社为核心，龙头企业、种植户积极参与的复杂区域产业组织结构，产品、资金、劳动力、土地在这个结构中有序流动，为产业规模的扩大提供了支撑，也促进了农业供给侧结构性改革。从扶贫收益上看，盛产期黄花亩均毛收入 8000 元左右，黄花产业带动了土地流转，为贫困户提供了务工机会、分红收益，以乡办、村办合作社带动贫困户种植黄花 3.8 万亩，达到了除社保兜底外 12194 户 29722 名贫困人口人头一亩黄花的目标，29722 名贫困人口因黄花产业脱贫。此外，黄花产业发展，也吸引了众多人才回乡创业、龙头企业"下乡"投资等，2018 年云州区共有 178 名在外人员回村创业，有效促进了人才、资本等要素在城乡间的流动，为城乡融合提供了良好基础。

  云州区"小黄花，大产业"揭示了扶贫产业科学选择中"小"和"大"的辩证关系：

  "小"具体体现在两方面：

  一是因地制宜，契合本地自然、历史、文化条件。云州区黄花种植历史悠久，当地日照时间长、水资源丰富、昼夜温差大等天然优势，加上火山喷发后造就富锌、富硒土壤，生产出的黄花菜色泽金黄、脚长肉厚、七蕊金黄，营养丰富，品相良好，受到主消费区青睐。

  二是黄花种植难度小、寿命长、产量稳定，一次种植可成活 20 年，种植平均成本很低，盛产期从第 4~5 年开始，一直可以维持到第 15 年，水、肥、田间管理等维护成本也较低。上述两大特点让黄花成了当地村民脱贫致富，产业稳定可持续的最佳保障。

  云州区"大产业"的"大"具体体现在三方面：

一是规模大，随着黄花种植面积和产量的快速扩大，云州区已成为全国最大的黄花菜原产地之一。

二是收益大，云州区全区19万人口中，农业人口占14万。过去大多农户以种植传统的玉米、杂粮为主，每亩纯收入不足700元。而作为食药两用的黄花，盛产期亩产量可达3000~4000斤，晾晒加工后可产出400斤干黄花，按照目前每斤干黄花价格20元计算，每亩黄花毛收入8000元，是种植玉米收入的10倍左右，收益大大增加。

三是黄花产业的受益人数大，参与群体广泛。黄花种植难度小，管理难度小，小到刚上小学的孩子，大到七八十岁的老人，就连因病因残的弱劳动力，都可以参与到黄花产业的田间管理和采摘工作中，从而获得相应收入。如瓜园村一位82岁老人参与采摘，一上午能挣70~80元。群众参与度高正是黄花产业带动农民脱贫致富的重要原因。

发展扶贫产业的根本目的是带动贫困户持续增收。黄花产业的减贫效益，也必须深入剖析到合作社组织才能得到有效的体现。在黄花产业中，贫困户可以通过合作社分红、个体种植黄花、流转土地、采摘务工四种方式获得收入。有些贫困户在政府和合作社的带动下，自己种植黄花，成为黄花种植户，增收效果显著。如有些贫困户通过将土地流转给合作社、龙头企业或者种植大户或者租金收入；也有些贫困户通过田间管理、丰收时期采摘，在加工厂务工等获取劳动收入；与此同时，所有加入合作社的贫困户都可以或者每年黄花收成分红收入。3万贫困户可通过黄花产业脱贫致富是产业"大"的最好体现。

此外还有一点"大"，那就是在产业发展过程中，党和政府的引领作用大。有效的农业扶贫产业绝不是农民自己可以自发发展起来的。政府应做好基础设施建设，因势利导解决农户担心的问题，推动产业组织发展，延长产业链，提升产业附加值。只有这样，才能保证产业可持续发展的同时充分发挥扶贫产业的减贫效应。

第 7 章 结论

城市贫困是世界范围内的普遍现象。尽管中国政府也出台了一系列城市贫困人口保障和救济措施，"城市贫困"一词尚未进入中国官方话语体系。形成鲜明对照的是，国内外学界和相关机构已有大量关于中国城市贫困研究。中国城市贫困可划分为传统城市贫困（1949—1992年）和新城市贫困（1992年至今）两个阶段，其中新城市贫困又可分为初始期（1992—2002年）、发展期（2002—2012年）和凸显期（2012年至今）。每个阶段贫困人口主体不同，旧城市贫困主要是"三无人员"，新城市贫困初始期主要是下岗职工，发展期主要是农民工、在岗困难职工、老年贫困等，凸显期则向相对贫困、就业贫困、心理贫困等多维展开。不同的测度方法下，不同时期的城市贫困发生率差异很大；甚至同一时期、同一方法，不同数据得出的结果也完全不同。但是，无论是简单采用最新的城市低保人数作为城市绝对贫困（940.7万人），还是采用40%的相对贫困标准（7000万人），中国目前城市贫困人口都已经超过农村贫困人口。"城市贫困"问题已不容回避。

具体到城市低收入人口集聚方面，城市低收入人口安置工作存在阶段性规律，区域经济发展、居民收入改善，是治理城市低收入人口集聚的根本。城市低收入人口集聚的类型不同，政策设计应有所调整，切忌"一刀切"。应创新顶层设计，统筹协调城市低收入人口集聚安置工作。例如，全面总结国务院扶贫开发领导小组及其办公室在脱贫攻坚战中探索出来的农村和县改区以来的扶贫脱贫创新性体制机制，整合目前分散的城市治理和农村治理政策，从而担负起统筹全国城乡共同富裕工作，开启后2020时代进一步提高中国城乡共同富裕的整体性、系统性、协同性。具体地，改革国务院扶贫开发领导小组办现有职能，强化现有各级扶贫办政策制定与监督权，整合民政、教育、社保、住建等各部门资源，作为综合治理城乡低收入人口集聚问题的指导部门、协调部门。还应客观认识问题，分类制定城市低收入人口集聚治理对策；融合城乡政策，完善低水平、广覆盖的城市社会保障体系；激发自生能力，坚持城市低收入人口集聚治理"扶贫先扶志"原则；推进社区教育，教育资源向城市低收入人口集聚社区倾斜；设计治理标准，借鉴农村扶贫经验科学、量化评估低收入人口集聚；建设公共设施，政府公共资源向城市低收入人口集聚区集中投放；重新审视价值，充分利用现有城市低收入人口集聚社区隐性资源；创新场景营造，改善城市低收入人口集聚区人居、营商环境。

当前中国城市贫困具有支出型贫困问题突出、城市流动人口收入低、城市贫富差距问题突出"三大特征"。城市低收入群体安置存在认知困境、均衡困境和政策困境"三大困境"。从农村扶贫向城市低收入群体安置过渡中，存在对认识论差异；不同区域城市水平差异化较大，城市"效率"与"公平"找不到均衡点；政策分类治理、整体治理方面存在短板。提供公共服务以增加低收入人口的人生选择与发展机会，应成为中国城市低收入人口扶助政策设计的核心。为此，必须坚持党的领导，发挥党在城市低收入人口扶助事业中的领导、组织和示范作用；整合政府资源，在设置党委领导下的城乡低收入人口安置沟通协调监督机构；准确识别低收入人口，针对不同城市的低收入现象进行不同成因的精准调查；动态调整标准，科学界定后2020时代城市低收入人口的特质与指标；关注国家战略，配合区域发展、老龄化、生育等国家战略进行城市低收入群体安置；促进经济发展，设计良好的政策体系，推进城镇化进程；维护社会和谐，设计缩小城市贫富差距悬殊的政策，提高城市社会包容性。

在后2020时代，中国城乡共同富裕的根本逻辑：低收入人群安置问题是实现城乡共同富裕目标的重点，应统筹新兴城镇化与乡村振兴，推进小城镇发展，高度重视与发挥城乡过渡带的联通作用，建立现代性的城乡往来互动模式，推进城乡基层治理现代化，降低城乡间各种经济和社会文化要素流动成本，推进城乡"经济一体性"向"文化一体性"的整体变迁，最终实现多阶层融合，避免走入城乡同质化误区。推进城乡融合发展以实现共同富裕，必须具体设计城乡融合国家战略，推进后2020时代共同富裕的持续化；参照现有制度体系与家庭可支配收入设计相对低收入群体线；针对"城市⇔城乡过渡带⇔乡村"不同政策关注人群设计共同富裕的政策目标；以城乡整体视野重新审视现有制度设计并探讨调整措施；强调和充分发挥政府信息传递职能，变"输血"为"造血"；围绕城乡融合的核心逻辑，以经济社会整体发展优化乡村振兴；重视社会文化因素的重要影响，探讨城乡文化割裂治理之道。

最近5年以精准扶贫精准脱贫为主要特征的脱贫攻坚战中，中国农村减贫取得了举世瞩目的成就，也积累了丰富经验。随着城市低收入人群困境将越来越突出，本书建议：第一，重视城市低收入群体安置与保障的已有成果，在即将实现农村脱贫、全面进入小康社会之际，深刻把握城乡融合发展本质，及早研究城乡融合发展政策下的城市低收入群体标准，在谋划后2020时代的城乡共同富裕战略中，构建统筹城乡、城乡一体的低收入群体划分标准以及城乡共同富裕实现策略。第二，积极借鉴农村减贫经验，并结合城市管理特点，积极采用大数据、人工智能等先进技术与"网格化"等方法，完善城市低收入群体监测体系，精准识别城市低收入人口，测度城市低收入群体规模，构建科学的城市高质量发展政策体系。第三，在中国当前特有的户籍制度及目前城乡统计方法下，应从城乡地区划分和城乡户籍划分的"二维框架"出发，在城乡融合的视野下全面审视城乡共同富裕的含义和特征，制定共同富裕阶段的措施。第四，城乡共同富裕有其主体多元、成因复杂、表现形式多样等复杂性特点，需要全面整合目前分散的城市社会保障政策，进一步完善、加强和统一组织领导，应考虑改革国务院扶贫开发领导小组及其办公室职能，由其统筹全国城乡共同富裕工作，以在后2020时代进一步提高中国城乡共同富裕的整体性、系统性、协同性，为中国城乡总体共同富裕以及世界可持续发展提供经验借鉴。

参考文献

（一）中文参考文献

·专著类·

阿玛蒂亚·森，伯纳德·威廉姆斯．超越功利主义［M］．上海：复旦大学出版社，2011．
爱德华·格莱泽．城市的胜利［M］．上海：上海社会科学院出版社，2012．
理查德·佛罗里达．新城市危机：不平等与正在消失的中产阶级［M］．北京：中信出版社，2019．
冯文．唯一的希望：在中国独生子女政策下成年［M］．南京：江苏人民出版社，2018．
国家质量技术监督局．城市规划基本术语标准：GB/T 50280—1998［S］．中国：中国建筑工业出版社，2006．
简·雅各布斯．城市与国家财富：经济生活的基本原则［M］．北京：中信出版社，2018．
简·雅各布斯．城市经济［M］．北京：中信出版社，2018．
李强．当代中国社会分层［M］．北京：生活书店，2019．
李实，佐藤宏．经济转型的代价：中国城市失业、贫困、收入差距的经验分析［M］．北京：中国财政经济出版社，2004．
联合国开发计划署组织．2003年人类发展报告：千年发展目标：消除人类贫困的全球战略［M］．北京：中国财政经济出版社，2003．
联合国人类住区规划署．世界城市状况报告2006—2007［M］．北京：中国建筑工业出版社，2014．
联合国人类住区规划署．世界城市状况报告2012—2013：城市的繁荣［M］．北京：中国建筑工业出版社，2014．
速水佑次郎神门善久．发展经济学——从贫困到富裕［M］．北京：社会科学文献出版社，2009．
泰德·菲什曼．当世界又老又穷：全球老龄化大冲击［M］．北京：生活·读书·新知三联书店，2018．
藤田孝典．贫困危机：日本"最底层"社会［M］．上海：上海文化出版社，2020．
威尔逊．真正的穷人［M］．上海：上海人民出版社，2007．
武力，王蕾．富起来强起来：改革开放40年［M］．北京：北京时代华文书局，2019．

·期刊论文类·

白永秀，刘盼．全面建成小康社会后我国城乡反贫困的特点、难点与重点［J］．改革，2019（5）：29-37．
比什．桑亚尔、陈宇琳．发展中国家非正规住房市场的政策反思［J］．国际城市规划，

2019, 34（2）：15-22.

陈宗胜，于涛. 中国城镇贫困线、贫困率及存在的问题［J］. 经济社会体制比较，2017（6）：40-53.

程世勇，秦蒙. 中国城市农民工多维贫困测度与精准扶贫策略选择［J］. 教学与研究，2017（4）：33-43.

程中培. 城市低保标准测度与调整［J］. 重庆社会科学，2016（6）：91-97.

慈勤英. 社会进步与城市贫困概念的发展［J］. 湖北大学学报（哲学社会科学版），1998（5）：90.

慈勤英、张芳. 城市贫困空间固化的社会治理研究［J］. 西南民族大学学报（人文社科版），2017，38（3）：1-5.

代兰海. 西安新城市贫困空间固化及其治理研究——基于空间正义视角［J］. 人文地理，2019，34（2）：72-79.

董丽晶. 国外城市贫民窟改造及其对我国的启示［J］. 特区经济，2010（11）：117-118.

杜为公，王静. 转型期的中国城市贫困问题及治理［J］. 当代经济管理，2017，39（6）：23-30.

樊杰，刘汉初，王亚飞，赵艳楠，陈东. 东北现象再解析和东北振兴预判研究——对影响国土空间开发保护格局变化稳定因素的初探［J］. 地理科学，2016，36（10）：1445-1456.

范逢春. 城市新贫困：扶贫之囿与治理之道［J］. 理论探讨，2016（1）：156-161.

高功敬. 中国城市贫困家庭生计资本与生计策略［J］. 社会科学，2016a（10）：85-98.

高功敬. 中国城市贫困家庭的可持续生计框架及其政策路径［J］. 南通大学学报（社会科学版），2016b，32（4）：132-138.

高功敬，陈岱云，梁丽霞. 中国城市贫困家庭生计资本指标测量及现状分析［J］. 济南大学学报（社会科学版），2016，26（3）：101-119.

关信平. 新时代中国城市最低生活保障制度优化路径：提升标准与精准识别［J］. 社会保障评论，2019，3（1）：131-140.

国家统计局《中国城市居民贫困问题研究》课题组. 中国城市居民贫困问题研究［J］. 统计研究，1991（6）：12-18.

郭庆. 农民工体育贫困状况与精准扶贫策略研究——基于城市融入视角的实证分析［J］. 武汉体育学院学报，2017，51（5）：21-27.

韩莹莹，范世民. 结构化理论视角下城市贫困的致贫因素及作用机理［J］. 求索，2016（7）：49-54.

黄宵，向国春，李婷婷，顾雪非. 医疗保障对降低城市贫困家庭慢性病经济风险的效果研究［J］. 卫生经济研究，2017（8）：51-53.

胡杰容，杨朔. 北京城市低保标准研究：从绝对贫困到相对贫困［J］. 北京科技大学学报（社会科学版），2018，34（2）：40-47.

胡伟. 美国解决内城贫困问题的新对策［J］. 城市问题，2001（1）：51-54.

胡永和. 贫困向城市集中与我国进城农民工的贫困化［J］. 经济体制改革，2005：87-90.

赖德胜，孟大虎，李长安，田永坡. 中国就业政策评价：1998-2008［J］. 北京师范大学学报（社会科学版），2011（3）：110-124.

李长健，胡月明. 城乡贫困代际传递的比较研究［J］. 财经问题研究，2017（3）：99-105.

李春根,夏珺. 中国城市最低生活保障标准:变化轨迹和现实考量——基于2003—2013年31个省域城市低保数据的聚类分析[J]. 中国行政管理,2014(12):90-94.

李春根,王雯. 基于五大发展理念的新时期扶贫工作探讨[J]. 财贸经济,2016(10):16-21.

李凤梅. 拉美贫民窟问题分析及其警示[J]. 人民论坛,2014(11):244-246.

李明烨、亚历克斯·马格尔哈斯. 从城市非正规性视角解读里约热内卢贫民窟的发展历程与治理经验[J]. 国际城市规划,2019,34(2):56-63.

李实,John Knight. 中国城市中的三种贫困类型[J]. 经济研究,2002(10):47-58+95.

李艳玲. 论30年代纽约贫民窟改造[J]. 辽宁师范大学学报,2001(4):110-112.

梁汉媚,方创琳. 中国城市贫困人口动态变化与空间分异特征探讨[J]. 经济地理,2011,31(10):1610-1617.

林竹. 资本匮乏与阶层固化的循环累积——论城市农民工的贫困[J]. 技术经济与管理研究,2016(6):103-107.

刘明、蓝海. 发展中国家低收入群体住房政策——以巴西政府对里约热内卢贫民窟的治理为例[J]. 城市史研究,2019(2):48-62.

刘建芳. 美国的城市贫困与反贫困及其对我国的启示[J]. 甘肃社会科学,2005(3):29-32+73.

刘喜堂. 建国60年来我国社会救助发展历程与制度变迁[J]. 华中师范大学学报(人文社会科学版),2010(4):19-26.

柳颖. 巴西福利责任主体的反贫困政策均衡化研究[J]. 湖南工程学院学报(社会科学版),2016,26(1):16-19.

龙瀛,刘伦伦. 新数据环境下定量城市研究的四个变革[J]. 国际城市规划,2017,32(1):64-73.

乔晓春,张恺悌,孙陆军. 中国老年贫困人口特征分析[J]. 人口学刊,2006(4):3-8.

沈扬扬,李实. 如何确定相对贫困标准?——兼论"城乡统筹"相对贫困的可行方案[J]. 华南师范大学学报:社会科学版,2020(2):91-101.

苏勤,林炳耀. 我国新城市贫困问题研究进展[J]. 中国软科学,2003,7:19-25.

孙斌栋,刘学良. 欧美城市贫困集中研究述评及对我国的启示[J]. 城市问题,2009(6):84-91.

孙远太. 基于阻断贫困代际传递的社会救助政策改革[J]. 理论月刊,2017(1):141-146.

陶然,汪晖. 中国尚未完成之转型中的土地制度改革:挑战与出路[J]. 国际经济评论,2010(2):93-123.

唐钧. 最后的安全网——中国城市居民最低生活保障制度的框架[J]. 中国社会科学,1998(1):3-5.

唐钧. 城乡低保制度:历史、现状与前瞻[J]. 红旗文稿,2005(18):14-17.

万广华,潘慧,章元. 城市化、不均等与贫困[J]. 广西财经学院学报,2017,30(2):1-18.

王朝明,姚毅. 中国城乡贫困动态演化的实证研究:1990—2005年[J]. 数量经济技术经济研究,2010,27(3):3-15.

王错. 以相对贫困来看城市贫困:理念辨析与中国实证[J]. 北京社会科学,2019,7:

74-83.

王宁，魏后凯，苏红键．对新时期中国城市贫困标准的思考［J］．江淮论坛，2016（4）：32-39.

王海峰．"贫民窟"治理：巴西的行政实践与经验借鉴［J］．兰州大学学报（社会科学版），2018，46（3）：40-48.

王文仙．20世纪墨西哥城市化与社会稳定探析［J］．史学集刊，2014（4）：56-65.

王文仙．从贫民聚居区看墨西哥贫民窟的成因及其治理［J］．陕西师范大学学报（哲学社会科学版），2019，48（6）：150-159.

王小林，Alkire，S. 中国多维贫困测量：估计和政策含义［J］．中国农村经济，2009，12（7）．

王小林，尚晓援，徐丽萍．中国老年人主观福利及贫困状态研究［J］．山东社会科学，2012（4）：22-28.

王小林，张德亮．中国城市贫困分析（1989—2009）［J］．广西大学学报：哲学社会科学版，2013，35（2）：76-81.

王英．印度城市居住贫困及其贫民窟治理——以孟买为例［J］．国际城市规划，2012，27（4）：50-57.

王有捐．对目前我国城市贫困状况的判断分析［J］．市场与人口分析，2002（6）：14-18.

魏后凯，王宁．参与式反贫困：中国城市贫困治理的方向［J］．江淮论坛，2013（5）：9-17.

吴晓，吴明伟．美国快速城市化背景下的贫民窟整治初探［J］．城市规划，2008（2）：78-83.

肖文涛．我国社会转型期的城市贫困问题研究［J］．社会学研究，1997（5）：42-49.

解垩．公共转移支付与老年人的多维贫困［J］．中国工业经济，2015，11：32-46.

徐李璐邑，苏红键，韩镇宇，朱焕焕．不同国家应对城市贫困问题的经验及启示［J］．现代经济探讨，2017（3）：83-87.

徐琴．制度安排与社会空间极化——现行公共住房政策透视［J］．南京师范大学学报（社会科学版），2008（3）：26-31.

杨舸．流动人口与城市相对贫困：现状、风险与政策［J］．经济与管理评论，2017（1）：13-21.

杨洋，马骁．流动人口与城市相对贫困的实证研究［J］．贵州社会科学，2012（10）：126-129.

姚建平．中国城市工作贫困化问题研究——基于CGSS数据的分析［J］．社会科学，2016（2）：42-51.

易迎霞．我国城市老年人口的贫困发生机制研究［J］．云南民族大学学报（哲学社会科学版），2018（6）：99-105.

袁媛，古叶恒，陈志灏．中国城市贫困的空间差异特征［J］．地理科学进展，2016（2）：195-203.

岳经纶，胡项连．低保政策执行中的"标提量减"：基于反腐败力度视角的解释［J］．中国行政管理，2018（8）：72-77.

张立宏．城市贫困层：不能成为被遗忘的角落［J］．上海经济研究，1995（10）：28-31.

张莉．面向公共政策的城乡划分与城市人口统计［J］．城市发展研究，2018（6）：1-7.

臧元峰．双重转型背景下的城市贫困问题研究［J］．现代城市研究，2017（7）：107-113.

周长银．英国反贫困政策和落后地区开发［J］．经济开发论坛，1988，7：12-15.

周健. 浅议美国公共住宅的发展及启示［J］. 黑龙江科技信息，2008（36）：411.
周文明，谢圣远. 中国城镇居民最低生活保障制度的发展演进及政策评估［J］. 广东社会科学，2016（2）：206-212.

·报告类·

国家统计局. 扶贫开发成就举世瞩目脱贫攻坚取得决定性进展－改革开放40年经济社会发展成就系列报告之五［R］. 中国：国家统计局，2018.
世界银行. 从贫困地区到贫困人群：中国扶贫议程的演进［R］. 华盛顿：东亚及太平洋地区扶贫与经济管理局，2009.
世界银行. 中国系统性国别诊断［R］. 华盛顿：世界银行，2018.
世界银行. 从贫困地区到贫困人群中国扶贫议程的演进中国贫困和不平等问题评估［R］. 华盛顿：中国贫困和不平等问题评估编委会，2009.
中国发展研究基金会（CDRF）. 经合组织国家的城市化趋势与政策：对中国的启示［R］. 中国：中国发展研究基金会，2010.
中国国际扶贫中心. 2018年多维贫困指数：对世界上最贫困人口的最详细描述［R］. 中国：中国国际扶贫中心，2019.

·电子报刊类·

陈炜伟. 中国城市新增就业人数连续7年保持在1300万人以上［EB/OL］. 新华社. 取自 http://www.gov.cn/xinwen/2020-01/28/content_5472611.htm，2020.
国家统计局. 2019年农民工监测调查报告［R/OL］. Retrieved 09 21, 2013, from http://www.stats.gov.cn/，2020.

·硕博论文类·

田原. 城郊"混住化社会"的存在形态及治理困境研究——以C市城郊的六个村庄为例［D］. 长春：吉林大学，2019.
朱霞梅. 反贫困的理论与实践研究——基于人的发展视角［D］. 上海：复旦大学，2010.

（二）外文参考文献

·专著类·

Bauman, Z. Work, consumerism and the new poor[M]. McGraw-Hill Education, UK, 2004.
Gao, M. C. From Commune to Capitalism: How China's Peasants Lost Collective Farming and Gained Urban Poverty[M]. Zhun Xu. Monthly Review Press, New York, 2019.
Hao, Y. Poverty and exclusion in urban China[M]. Cambridge University Press, 2009.

Rowntree, B. S. Poverty: A study of town life[M]. New York: The Macmillan company, 1901.

Townsend, P. Poverty in the United Kingdom: a survey of household resources and standards of living[M]. University of California Press, 1979.

Wilson, W. J. The Truly Disadvantaged: The Inner City, The Underclass, and Public Policy[M]. University of Chicago Press, 1987.

· 期刊论文类·

Alkire, S., Foster, J. Counting and multidimensional poverty measurement[J]. Journal of public economics, 2011, 95(7-8).

Amato, P. R., Zuo, J. Rural poverty, urban poverty, and psychological well-being[J]. The Sociological Quarterly, 1992, 33(2).

Amis, P. Making sense of urban poverty[J]. Environment and Urbanization, 1995, 7(1).

Appleton, S., Song, L., Xia, Q. Growing out of poverty – Trends and patterns of urban poverty in China 1988–2002[J]. World Development, 2010, 38(5).

Auerbach, A. M., Thachil, T. Cultivating Clients: Reputation, Responsiveness, and Ethnic Indifference in India's Slums[J]. American Journal of Political Science, 2020, 64(3).

Banda, C., Van der Merwe, I. J. The ecclesiological significance of the 'African kraal' metaphor in a context of urban poverty in Zimbabwe[J]. Stellenbosch Theological Journal, 2017, 3(2).

Banks, N. Livelihoods Limitations: The Political Economy of Urban Poverty in Dhaka, Bangladesh[J]. Development and Change, 2016, 47(2).

Beavon, K., S. O. Mexico city and colonias populares: hints for a south african squatter policy[J]. South African Geographical Journal Bng A Record of the Proceedings of the South African Geographical Society, 1989, 71(3).

Bratton, M. Review of Danielle Resnick, Urban Poverty and Party Populism in African Democracies [J]. Journal of International Development, 2016, 28(4).

Buettner, T. Urban estimates and projections at the United Nations: The strengths, weaknesses, and underpinnings of the world urbanization prospects[J]. Spatial Demography, 2015, 3(2).

Cheng, F., Zhang, X., & Shenggen, F. Emergence of urban poverty and inequality in China: evidence from household survey[J]. China Economic Review, 2002, 13(4).

Deuskar, C. Urban Poverty, Local Governance and Everyday Politics in Mumbai, by Joop de Wit. American Planning Association[J]. Journal of the American Planning Association, 2017, 83(3).

Green, M., Hulme, D. From correlates and characteristics to causes thinking about poverty from a chronic poverty perspective[J]. World Development, 2005, 33(6).

Gorkem, A. Book Review: Kayhan Delibas, The Rise of Political Islam in Turkey: Urban Poverty, Grassroots Activism and Islamic Fundamentalism[J]. Political Studies Review, 2016, 14(3).

Kessler G, Virgilio M M D. The new urban poverty: Global, region- al and Argentine dynamics during the last two decades[J]. Cepal Re-view, 2008, 95.

L.J.Vale. The future of planned poverty: redeveloping America's most distressed public housing projects[J]. Neth. J. of Housing and the Built Environment, 1999(1).

Martinez-Vazquez, J., Panudulkitti, P., & Timofeev, A. Urbanization and the poverty level[J]. Revista de estudios regionales, 2014(100), 19–46.

Meng, X., Gregory, R., Wang, Y. Poverty, inequality, and growth in urban China, 1986–2000[J]. Journal of Comparative Economics, 2005, 33(4).

Niu, T., Chen, Y.,Yuan, Y. Measuring urban poverty using multi-source data and a random forest algorithm: A case study in Guangzhou[J]. Sustainable Cities and Society, 2020, 54.

Owen, S. Slumming it: the tourist valorization of urban poverty[J]. Journal of Tourism and Cultural Change, 2018, 16(2).

Panori, A., Mora, L.,Reid, A. Five decades of research on urban poverty: Main research communities, core knowledge producers, and emerging thematic areas[J]. Journal of Cleaner Production, 2019, 237.

Pezzoli, K. The Urban Land Problem and Popular Sector Housing Development in Mexico City[J]. Environment and Behavior, 1987, 19(3).

Portes, A., Zhou, M. The new second generation: Segmented assimilation and its variants[J]. The Annals of the American Academy of Political and Social Science, 1993, 530(1).

R. Homel, A. Burns. Environmental quality and the wellbeing of children[J]. Social Indicators Research, 1989, 21.

Rains, E., Krishna, A. Precarious gains: Social mobility and volatility in urban slums[J]. World Development, 2020, 132.

Ravallion, M. On measuring global poverty[J]. National Bureau of Economic Research, 2019.

Sarkar, A., Bardhan, R. Socio-physical liveability through socio-spatiality in low-income resettlement archetypes – A case of slum rehabilitation housing in Mumbai, India[J]. CITIES, 2020, 105.

Shekhar, S. Effective management of slums – Case study of Kalaburagi city, Karnataka, India[J]. Journal of Urban Management, 2020, 9(1).

Williams, G., Omanakuttan, U., Devika, J., Jagajeevan, N. Planning a 'slum free' Trivandrum: Housing upgrade and the rescaling of urban governance in India[J]. Environment and Planning C: Politics and Space, 2019, 37(2).

Xiaoxue, Z., Jiancheng, C. A Comparison of Impacts of Climate Change on Urban Poverty and Rural Poverty in the North-West China[J]. International Journal of Management and Sustainability, 2019, 8(1).

Yan, F. Urban poverty, economic restructuring and poverty reduction policy in urban China: Evidence from Shanghai, 1978–2008[J]. Development Policy Review, 2018, 36(4).

Zhang, Y. The credibility of slums: Informal housing and urban governance in India[J]. Land Use Policy, 2018, 79.

大橋薫．不良住宅地区改良について [J]．都市問題研究．1961，13-5：47-59．

島和博．労働市場としての釜ヶ崎の現状とその「変容」[J]．人文研究，2001，53(3)：23-49．

山内太郎，松本伊智朗．2015年度学界回顧と展望：貧困・公的扶助部門 [J]．社会福祉学，2016，57．

水内俊雄．スラムの形成とクリアランスからみた大阪市の戦前・戦後 [J]．立命館大学人

文科学研究所紀要，2004，83：23-69.

·报告类·

Chen, S., Ravallion, M. China's (uneven) progress against poverty[R]. Washington: The World Bank, 2004.

OPHI & UNDP. Global Multidimensional Poverty Index 2019: Illuminating Inequalities[R]. UK. OPHI & U.S. UNDP, 2019.

UNDP. Urban Poverty Assessment in Ha Noi and Ho Chi Minh City. U.S. UNDP United Nations Population Division. World urbanisation prospects: The 2011 revision[R]. United nations Department of Economic and Social Affairs, New York, 2012.

·会议论文类·

Alkire, S., Kanagaratnam, U. and Suppa, N. 'The Global Multidimensional Poverty Index (MPI) 2019', OPHI MPI Methodological Notes 47, Oxford Poverty and Human Development Initiative[C]. University of Oxford, 2019.

Khan, A. R. Poverty in China in the Era of Globalization[C]. Issues in Development Discussion Paper 22 International Labour Organisation: Geneva, 2019.

Magaloni, Beatriz, DiazCayeros, Alberto. The politics of public spending, part ii – the programa nacional de solidaridad (pronasol) in mexico[C]. Cayeros, 2010.